艺术型（A）

调研型（I）

社会型（S）

实际型（R）

企业型（E）

常规型（C）

把自己视作产品
互联网大厂求职、进阶之道

◎闫泽华 著

电子工业出版社
Publishing House of Electronics Industry
北京·BEIJING

新手村地图

本书想表达的逻辑如下。

- 首先从四维之花出发，来认知自我和锁定目标
- 然后把自己视作一款产品进行迭代
    - 把求职视作产品的发布，包括求职调研和求职准备
    - 把工作视作产品的打磨，包括心态变化和能力提升

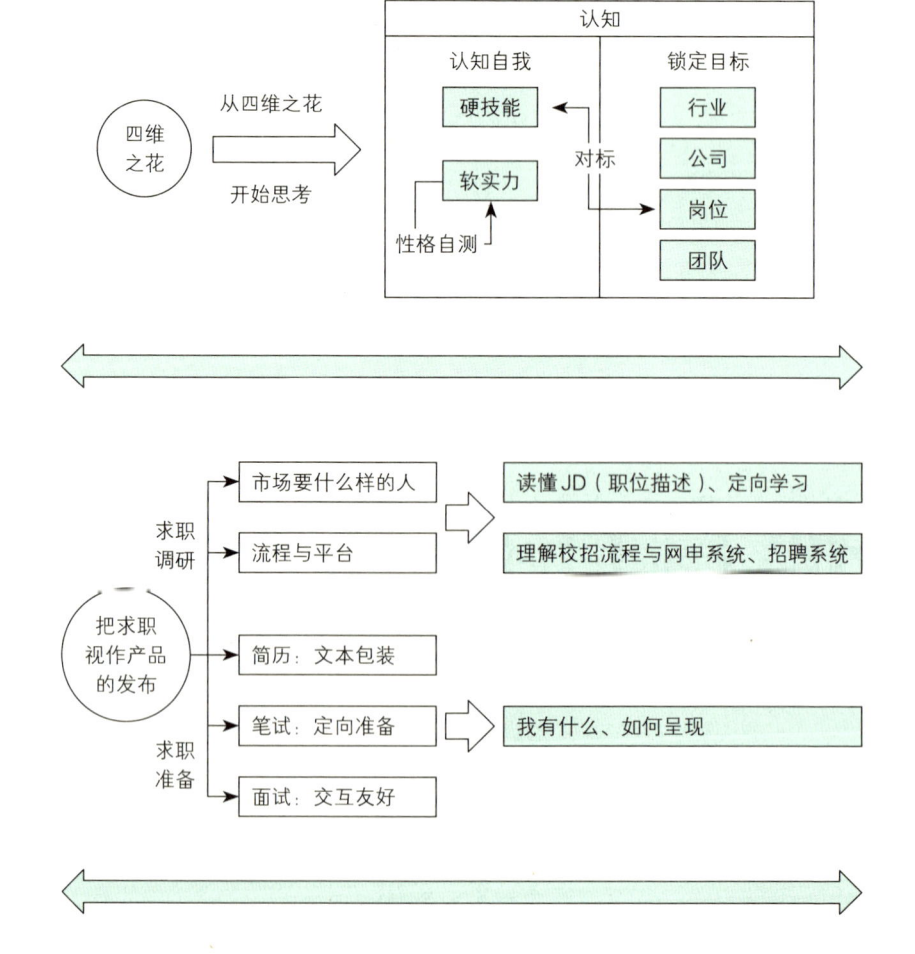

```
四维之花 ──从四维之花开始思考──▶  认知
                              ┌─────────────┬─────────────┐
                              │  认知自我   │  锁定目标   │
                              │   硬技能  ◀─┤    行业     │
                              │           对标  公司     │
                              │   软实力  ──▶   岗位     │
                              │   ↑             团队     │
                              │ 性格自测                 │
                              └─────────────┴─────────────┘
```

```
                ┌─ 市场要什么样的人 ──▶ 读懂JD（职位描述）、定向学习
         求职调研 │
              └─ 流程与平台 ──────▶ 理解校招流程与网申系统、招聘系统
把求职
视作产品
的发布   ┌─ 简历：文本包装
         │
         求职准备 ─ 笔试：定向准备 ──▶ 我有什么、如何呈现
         │
         └─ 面试：交互友好
```

- 最后在进阶后思考工作的意义，回答是选择晋升还是选择"斜杠"生活，是追求财务自由还是追求时间自由，以及如何规避"35岁大厂魔咒"。通过对工作意义的思考，从而实现四维之花、实现自己的初心，从起点到终点形成完整的闭环

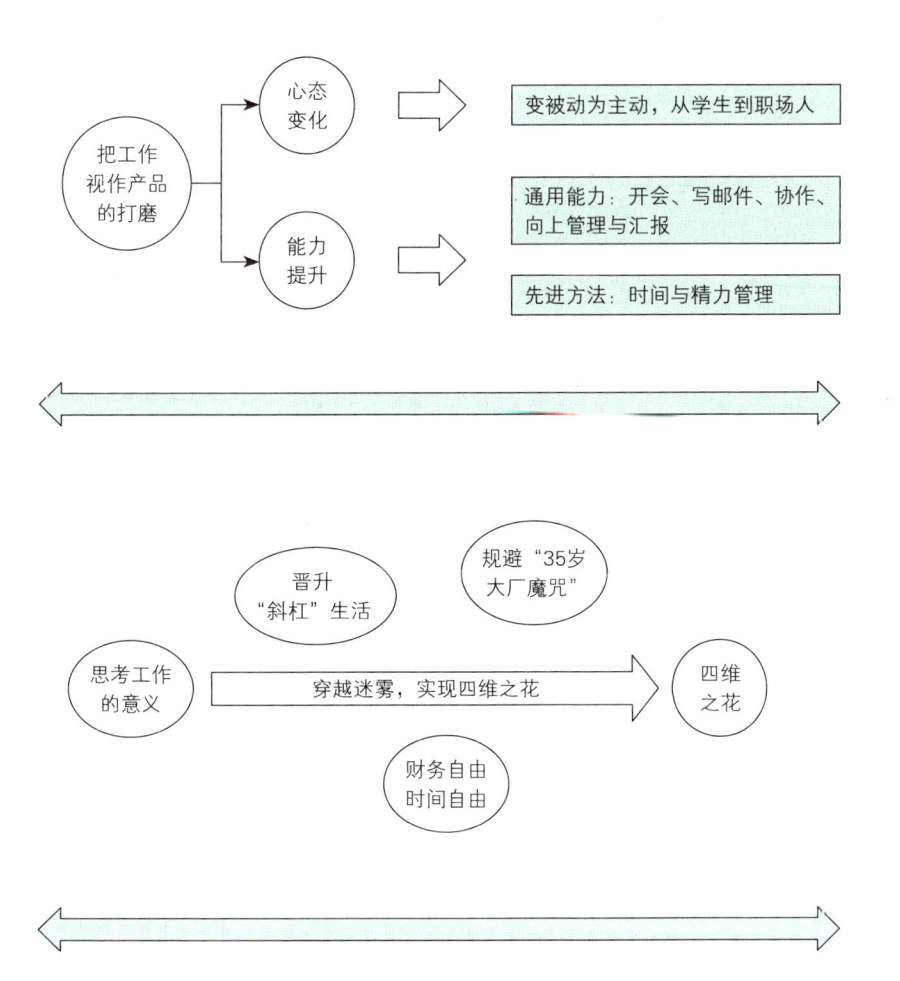

```
把工作           心态变化    →    变被动为主动，从学生到职场人
视作产品
的打磨           能力提升    →    通用能力：开会、写邮件、协作、
                                  向上管理与汇报
                                  先进方法：时间与精力管理
```

```
                  晋升         规避"35岁
                 "斜杠"生活     大厂魔咒"
思考工作                                         四维
 的意义    ——— 穿越迷雾，实现四维之花 ——→        之花
                 财务自由
                 时间自由
```

序言
Preface

校招（校园招聘），是我每年不管多忙都会留出时间来参加的活动。

在线下，我辗转于一所所高校，面对一张张青春的面孔，应答一个个炽烈而多样的问题。我在给同学们答疑解惑的同时，他们也教给了身为产品经理的我他们是如何思考的，让我得以站在他们的视角重新看待大厂、看待职业选择与个人发展。

在线上，曾经负责知乎会员产品和知乎教育业务的我，通过累计开展95场视频直播的方式，面对了更多的同学。无边界的直播，让我得以面对大厂校招覆盖不到的非重点院校的学生，了解了他们的困惑；网络的虚拟化，也让同学们不需要在意别人的目光，从而提出了更加尖锐和真实的问题。

时代在变，更多的选项给了人们更多的选择；时代在变，更多的选项也让人面临更严重的选择困难。

- 现在的我究竟是该读书，还是该去大厂工作？
- 我是该选择舒适的事业单位，还是该进入竞争激烈的大厂？
- 如果不是毕业于"双一流"建设高校，如果没有实习经历，我还能不能进大厂？

把自己视作产品：互联网大厂求职、进阶之道

- 大厂是不是都"内卷"得厉害，35岁没有成就就会被淘汰？
- 都说大厂好，可是2020年教育大厂纷纷裁员，大厂真的是一个好选择吗？

我一直笃信，唯有好的问题，才会激发出好的答案。

先后从事职业教育和招聘行业的我，可以通过平台的数据搭建起宏观的招聘就业认知。而一对一的交流进一步让我了解到每个宏观数字背后的个体的思考与选择逻辑：为什么大家会关心这些问题？求职者真正困惑的是什么？

是对工作本身的困惑。"90后""00后"不同于"70后""80后"，他们中很少有人经历过物资匮乏的时代，也就很少存在生存压力驱动的"读书—就业"的理所应当的选择。不止一个同学问过我：工作对我们来说究竟意味着什么？是和读书一样按部就班吗？我们可以不工作吗？如果工作只是为了赚钱，那么是否意味着只要实现财务自由就可以不工作了？

是对大厂"内卷"的质疑。大厂固然光鲜亮丽，但是围绕大厂的各种"过劳"和"内卷"的新闻屡见不鲜。当"持续性努力"成为公司内部默认的共识时，是否意味着只要进入大厂，整个人就被装进了"仓鼠球"，只有奔跑和被淘汰两个选项，一旦停下来就意味着被系统所抛弃？我们是选择被"内卷"，还是更早地选择一个不会被裹挟和绑架的环境？这样说来，"躺平"未尝不是一个好的选项。

归根结底，种种困惑与质疑源自对未来预期和个人定位的不确定：我想要成为什么样的人？我想要达成怎样的发展目标？在这个过程中，我愿意付出什么？我又能够承受放弃什么？

序言

刚刚从象牙塔里走出来的同学们，开始越来越清楚地意识到：在象牙塔外的世界里，道路上并没有指向牌和路灯，父母和师长过往的经验亦不能有效指导自己做出新的选择。面对迷雾重重的外部世界，很多同学刚刚迈出一步就被社会的洪流一把卷走，被裹挟着跟跟跄跄地前行，很难继续保持自己的步调和节奏。就业率、大厂招聘通过率不仅是一个宏观的数字，更是无数微观的个体努力与选择的结果。

在真实世界的迷雾里撑起一盏路灯，也就是我提笔写下本书的原因：通过深度咨询服务，可以给一个人建议；通过线下讲座培训，可以给几十人甚至上百人参考和启发；通过在线直播分享，可以给几百人甚至上千人增量的信息和建议；而印在纸面的文字，或许可以给更多人建议。

路灯的存在，不是为了指引方向，而是为了驱散迷雾：没有人能够强迫你做出选择，亦没有人能够代替你做出选择。我从自己服务过的咨询案例中，从自己经历过的人和故事里，抽离出信息和模型供你参考与套用，以期使你能够更全面地看待和评估职场问题，从而做出更适合的选择和判断。

在本书中，我会和大家分享那些发生在职场新人身上的真实故事。你也许会是故事里的主角，也许可以代入故事里的其他人。而在我响应和回答他们问题的过程中，也希望能够给你一些思维上的启发和行动上的参考。

既然开启职业生涯对绝大多数人来说不可避免，那么经历大厂就会成为很多人应该经历的一堂必修课：我们会从大厂起步，登上更大的舞台，看到更多的精彩，尝试更多的可能；我们也会从大厂毕业，不再背靠大厂的金字招牌，而更多依靠自己的打拼和闯荡，从而搭建出新的舞台、演绎出新的精彩。

在这个走进大厂、走出大厂的过程中，我们始终保持学习：学习如何更理性地适配外部世界，让自己不断保持稀缺性，持续提升自己可被社会认知的价值；学习如何更清醒地认知内在的自己，找到自己更适合、更擅长的领域，从而成为更好的自己。

好的，接下来就让我们一起打开《把自己视作产品：互联网大厂求职、进阶之道》这张新手村地图，一起踏上职业生涯之旅，从大厂开始，打怪升级！

目录
Contents

第一部分
从大厂启航

第一章　你为什么选择这份工作　/ 003
为了赚更多的钱　/ 003
为了成为爸爸妈妈的骄傲　/ 007
因为我喜欢，为了我发展　/ 009

第二章　Ikigai，工作的四维之花　/ 013
什么是工作的四维之花　/ 013
你的选择落在了哪个象限　/ 015

第三章　如何评估自己和工作的契合度　/ 018
评估硬技能　/ 019
评估软实力　/ 022

把自己视作产品：互联网大厂求职、进阶之道

评估行业和公司 / 026

评估岗位和团队 / 029

第四章　你总该经历一次大厂 / 031

打基础 / 032

提能力 / 033

交朋友 / 036

贴标签 / 038

第五章　发现细分赛道的大厂 / 041

超级平台与垂类平台型公司 / 042

头部业务型公司 / 044

第二部分
叩开大厂门

第六章　求职不是你以为的 / 049

招聘规模预判 / 050

人才需求分析 / 053

求职应对思路 / 055

第七章　大厂想要怎样的人 / 057

破除偏见，大厂只要名校生吗 / 057

读懂JD，了解大厂想要怎样的人 / 060

定向学习，寻找"最大公约数" / 063

目录

第八章　校招步骤一、二、三　/ 066

考研还是工作　/ 066

尽早准备校招　/ 068

校招三步曲　/ 070

第九章　内推到底多有用　/ 078

内推的意义　/ 078

如何善用校招内推　/ 079

第十章　网申和招聘系统揭秘　/ 081

网申系统　/ 081

招聘系统　/ 086

第十一章　用四个番茄时钟写出一份好简历　/ 090

留给你的简历的时间只有5秒　/ 091

第一个番茄时钟：自我分析　/ 094

第二个番茄时钟：形成初稿　/ 097

第三个番茄时钟：定向修改　/ 103

第四个番茄时钟：格式修订　/ 104

第十二章　笔试"三板斧"　/ 107

第一板斧：性格测试题　/ 108

第二板斧：逻辑行测题　/ 116

第三板斧：专业能力题　/ 127

第十三章　如何应对群面　/ 142

案例分析的典型解法　/ 143

角色分配和注意事项　/ 149

把自己视作产品：互联网大厂求职、进阶之道

第十四章　如何应对单面 / 155
准备专业性问题　/ 155
准备通用性问题　/ 161
稳健应对面试过程　/ 169
网络面试小贴士　/ 174

第十五章　持续迭代进大厂 / 177
先入行再择业　/ 178
保持自学不松懈　/ 181
关注机会勇敢跃　/ 185

第三部分
大厂初体验

第十六章　两个问题开启职场人生 / 189
到大厂来做什么　/ 189
从大厂离职后要开启怎样的人生　/ 191
相遇与别离，循环与迭代　/ 194

第十七章　用 OKR 管理你的职场人生 / 196
OKR 是什么　/ 196
如何将 OKR 用于自驱　/ 198

第十八章　打破你的学生思维 / 204
等靠要？老板不是老师　/ 205

向内挖掘目标、寻求动力 / 209
工作没有考纲，没法准备好了再来 / 214
重视自己的选择权 / 217

第十九章　你需要掌握的基础工作方法 / 224
开会的两个原则 / 225
写邮件五步法 / 230
换位思考，有效协作 / 234
向上管理三步法 / 238
汇报的结构与形式 / 243

第四部分
大厂下一站

第二十章　大厂是人的异化吗 / 251
大厂里的异化 / 251
明确意义，拒绝"绑架" / 252
保有说"不"的权利 / 254

第二十一章　高处不胜寒？攀爬职场进阶金字塔 / 258
职场进阶金字塔 / 258
乘法选择：攀爬职场进阶金字塔 / 261
加法选择：做一个"斜杠"青年 / 264

把自己视作产品：互联网大厂求职、进阶之道

第二十二章 "35岁大厂魔咒" / 267
什么样的人会遭遇"魔咒" / 268
"35岁大厂魔咒"原因何在 / 269
如何避免"35岁大厂魔咒" / 270

第二十三章 你想要的自由是财务自由还是时间自由 / 273
财务自由 / 273
时间自由 / 275
从财务自由到时间自由 / 276

第二十四章 再议工作：自我实现之旅 / 279
选择与牺牲 / 279
热爱与擅长 / 281
系统适配与自我实现 / 282

后记 / 285

第一部分
从大厂启航

磨刀不误砍柴工，先聊是不是，再聊要不要和怎么做。

在开始讨论"如何进入大厂""进入大厂后应该如何快速发展"这些方法论之前，不妨先暂缓脚步，思考一下本源问题：工作对于自身的意义是什么？

- 你为什么选择工作而非躺平？
- 你更倾向于选择一份怎样的工作？
- 如果工作对你来说不可避免，那你应该如何应对？
- 为什么你应该更早有一份大厂工作经历？

若非祖上余荫、天生富二代，抑或是时代运气、一朝暴富，我们每个人大概率都要工作几十年的时间。本着对自己未来几十年负责的态度，每个成年人必须首先做到对自己负责：思考清楚自己要什么，以及自己愿意为之付出什么。只有这样才能基于自己的目标和方向，指导自己的选择和道路。方向比方法更重要，选择比努力更重要，这历来如是。

第一章　你为什么选择这份工作

无论是在线上就业讲座结束后，对着屏幕后不知道身在何方的同学们，还是在线下校园宣讲会宣讲完毕后，面对台下黑压压的人群，抑或是在群面（群体面试）或单面（单独面试）时，面对一张张清晰的面孔，我总会习惯性地追问："最后一个问题，你为什么选择这份工作？"

很多人被我问得一愣：选择一份大厂高薪、光鲜的工作不是一件不证自明的事情吗？读书时要考好大学，毕业了自然要找好工作，然后就要升职、加薪、跳槽、创业，一切不就如同涨潮退潮那般自然吗？

不，我问的是，你为什么选择"这份工作"？光鲜的工作机会千千万万，你为什么偏偏选择了这一份呢？它对你来说不同在何处？究竟是你主动选择了它，还是它恰好接纳了你而已？

对于这个问题，很多人都没有认真地思考过。那么就请你先将自己从纷繁的思绪和或茫然、或焦虑的情绪中抽离出来，屏蔽周遭的目光与期待，暂停给自己设置的找工作倒计时，单纯地想想：我为什么选择这份工作？

为了赚更多的钱

"你会选一份怎样的工作呢？"在面对大学生的求职讲座里，我抛出了这个问题。

"选份钱多的呗！"同学们异口同声道，大家哄笑成一团。

工作是为了赚钱吗？当然。不给钱的工作，就该去申请劳动仲裁了。

但是，**对我们每个人的生活而言，赚钱本身只是一个过程值而非结果值，只有花掉的钱才是自己的钱，才是结果值。**所以，与其聊自己需要赚多少钱，不如思考一下自己需要花多少钱、需要花到什么地方。

我从回答"工作是为了赚钱"的同学中随机抽取了两人，尽管两人都追求更高的工资，可是他们花钱的去处不尽相同。

A君追求收入更高，是因为家境清贫。为了供自己上大学，家里已经背了贷款，自己急需更早地还清贷款，帮助家里减轻压力。提到父母，他会不由自主地低头，像父亲背上沉沉的担子已经交接到了自己的肩头。

B君追求收入更高，则更像自己的独立宣言。她生在、长在大城市，连上的大学离家都是仅半小时的地铁路程。如今要工作了，她的第一反应就是希望不要再依靠父母，让自己有更多独立的空间。提到父母，她会不由自主地推推眼镜，仰起头，像一只要立志展翅高飞的雏鹰。

无论是还清贷款、帮扶家庭，还是更自主地买自己想要的东西，而不需要向爸爸妈妈要钱，在这两种选择下，金钱始终只是让我们交换到自己想要得到的东西而已。

所以，**我们可以跳出金钱本身的桎梏，再多想一步：自己真正想要用钱去交换的东西是什么？**是家庭的平和吗？是自己的独立吗？又或是这样、那样的目标状态？

我们短期的目标状态是什么，需要消耗多少钱，才应该成为我们对一份工作在报酬层面的决策出发点。

A君想要的，是早一点帮助家里还清贷款、减轻压力。他的收入目标是一个具体的贷款金额。

B君想要的，则是更早地证明自己已经是可以独立的成年人了。她的收入目标则是可以承载自己每月的生活用度所需。

当我们从目标状态反推，量化了自己的收入目标后就会意识到，我们当下所需要的收入可能并不一样。那些在收入上略低的工作机会，似乎开始有了别的光芒展露。

接下来，我又追问了一个问题："一份月薪10 000元的工作和一份月薪9000元的工作，差距真的会那么大吗？"

B君想了想，摇了摇头，说："好像没差多少。"

A君仔细算了算账，最终还是点了点头，说："每个月多攒1000元，一年就是12 000元，就能早几年还清贷款了。"

"最后一个问题，你们考虑过自己后续的升职、跳槽吗？"我继续问道。

"会啊会啊，我觉得我以后一定会升职。我要做职场里的'女魔头'。"B君开心地说道。

"呃，我的确没想那么多。"A君挠了挠头，坦诚地说道。

在考虑完自己当下需要多少钱之后，我们就可以进一步思考：自己未来能够赚多少钱。我们可以以当下的薪酬为导向来衡量自己的工作选择，它就相当于一辆汽车的初速度。除当下的薪酬这个初速度外，我们还可以将目光放得长远一些，稍微前瞻一下未来三到五年内，我们的薪酬涨幅这个加速度。

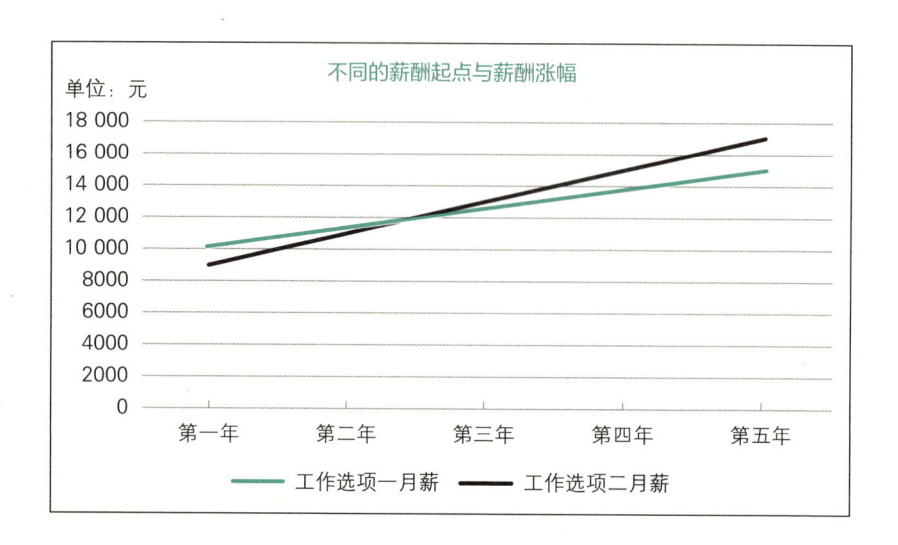

把自己视作产品： 互联网大厂求职、进阶之道

不同的薪酬起点与薪酬涨幅

将时间维度放宽，我们就可以为自己的收入总结一种新的计算方式：把未来可能赚到的钱折现到当下。即如果我们今天选择了一份工作，那么站在五年之后回看，这份工作应该值多少钱？

好了，有两份工作摆在你的面前：一份当下的薪酬是10 000元，五年后的薪酬是15 000元；另一份当下的薪酬是9000元，五年后的薪酬是17 000元。假设两份工作的薪酬都保持匀速增长，那么只要稍加计算，你就不难发现两个选择在收入均值层面孰优孰劣。

单位：元

	工作选项一月薪	工作选项二月薪
第一年	10 000	9000
第二年	11 250	11 000
第三年	12 500	13 000
第四年	13 750	15 000
第五年	15 000	17 000
平　均	12 500	13 000

这也是互联网大厂屡屡强调"延迟满足"的原因所在。**延迟满足并不是要喂你一碗"鸡汤",而是希望你不只做当下的选择,还会适当地将未来折现到当下后重新思量:** 综合考虑未来的发展速率和收入增长速率,综合考虑当下的钱和未来的钱,帮助自己做出更好的决策。

不只为了当下的钱,这便是我对于工作收入衡量因素的回答。

为了成为爸爸妈妈的骄傲

选一份可以"光宗耀祖"的工作?也许。

当同学C拿到大厂Offer(录取通知)的时候,他第一时间把消息同步给了爸爸妈妈。

而爸爸妈妈果然"不负众望"地给他传回了图片:"C仔啊,你看,全村人都为你高兴呢。"

打开图片,大型"社死"现场。在镇子上最好的酒店里,爸爸妈妈大宴亲友,为同学C拿到Offer而庆祝。酒店前的气球拱门上,赫然写着一行大字:"恭祝C仔入职大厂月薪过万元"。而上一次如此尴尬的场景,还是自己四年前刚考上重点大学的时候,同样的酒店,同样的气球拱门,只是上一次自己还在现场,成了"别人家的孩子""流动的合影板"。

好学校、好公司,作为家里的独苗,同学C一路走来的选择似乎一直都在背负家长的期望。要做好学生"光宗耀祖",要进一所好大学"光宗耀祖",要进一家爸爸妈妈听过的大厂"光宗耀祖"。

以至于朋友们都在调侃:"你为什么叫C,不如叫'耀祖'算了。"

同学C羞赧地说，"耀祖"这个名字已经被早自己一个月出生的表哥占了，不然，自己还真可能背上这个名字。

本来毕业的时候也投递了自己心仪的游戏大厂，还拿到了Offer，可是爸爸妈妈一定要自己选另外一家电商大厂，原因是"做游戏干什么？影响小孩学习。电商大厂的产品村里人都用过，倒不了"。拗不过爸爸妈妈的他，最后还是选择了这家电商大厂，好在不算是什么太差的选择。

"你在选工作的时候，也会听爸爸妈妈的建议或要求吗？"面对我的问题，现场有20%的同学举起了手。

"都是些什么要求呢？"我追问。

"大公司，稳定的。"有人道。

"事业单位，有编制的。"有人道。

"核心是他们听过的才放心。"有人总结道，又是一阵哄堂大笑。

听过的才是放心的。可设身处地地想一想，每代人都有自己的认知半径。诸如B站、TapTap、得物、叠纸这些公司，可能很多爸爸妈妈连名字都没听过。既然连工作候选项都超过爸爸妈妈的认知半径，那么在这种情况下，还去遵循他们的建议是不是有点莫名其妙了呢？

同学C的案例还算是好的，虽然没进入自己心仪的游戏大厂，好歹选择了一家电商大厂，还不算太坏。而有的同学一早就被爸爸妈妈安排到了老家的事业单位工作，刚毕业就回到老家开始喝茶、下棋、看报纸。在老家养了三年，终于意识到"光宗耀祖"和朝九晚五的日子并不适合热血沸腾的自己，熬不住重新返回了"北上广"。只是一来一去，白白丢了应届生的身份，只能找寻新的工作机会。

你身边也有这样听凭爸爸妈妈安排的朋友吗？又或者，你自己就是这样的人吗？

外部的期望，是强大的动力，更是华丽的枷锁。

为迎合外部的期望，你会选择一份传统意义上的、稳定的好工作，让父母颜面有光，赢得街坊争相点赞。

但是，当你满足了围绕工作的外部期望后，接踵而来的期望就像飞蛾一样，从一个光源飞扑到另一个光源：既然你已经拿到了"光宗耀祖"的Offer，那么下一步是不是应该尽早结婚生子，让爸爸妈妈抱上孙子、孙女？再下一步是不是应该将"光宗耀祖"的担子传递给下一代，让他从考个好小学开始，继续满足爷爷奶奶的期望？这听起来很荒诞，不是吗？可是在就业选择上没有独立的判断，不也是一种被安排的荒诞人生吗？

你当然可以参考爸爸妈妈的建议，也应该照顾他们的情绪，但**你的职业目标不应该以迎合外部的期望为导向，更不应该让外部的判断结果代替自己的决策过程，这看似是一种孝顺、一种尊重权威，但实质是一种偷懒，更是一种对自己的不负责任。**

面对自己的职业生涯，请给爸爸妈妈一点时间，也请给你自己一点时间。时间终会让你们彼此都意识到：即便你当下没有听从他们的意见，但你也一定有一日会让爸爸妈妈为你骄傲。

因为我喜欢，为了我发展

选择一份工作，既可以有钱的因素，也可以有爸爸妈妈建议的因素，还可以有很多这样或那样的因素。既然我们每个人都在扮演着自己作为社会人的多重角色，那么外部的、内部的，无数看不清的细线就都会不断牵扯我们的动作。

当你被凌乱纷繁的信息所裹挟时，不妨将这些线头逐一梳理一番，让自己保持信息完备但又不至于信息过载，从而做出更高质量的选择。你可以先将那些林林总总的原因写下来，按照外部动因和内部动因进行区分，再分析究竟是别人想要还是我想要，是我想要还是我需要。

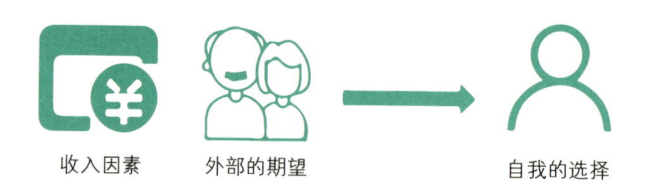

收入因素　　外部的期望　→　自我的选择

向外，承认外部的期望与比较。世界就是标签驱动的，总会有人带着一脸"慈母笑"来评价你的人生是否成功。向内，挖掘自己的动因与期望：我会为什么而感到快乐和骄傲？做什么样的事情能够让我更自如、更投入？

如果能够做出悦人悦己的选择，那自然最好；如果内外难两全，那就请在能力范围内，尽可能做出悦己而不伤人的选择。

为什么一定要悦己在先？帮你算一笔时间账。

一天24小时，8小时在休息，剩余16小时清醒。一般的工作是8小时制，在压力比较大的公司要工作10小时左右，再加上大城市平均1小时的通勤时间，这也就意味着，在你每天清醒的时间里有1/2～3/4的时间都在公司，与同事们协同完成工作。

时间是最珍贵的不可再生资源，我们又何必用如此宝贵的资源去取悦他人呢？当我们每天有如此之多的时间花费在工作上的时候，我们自然应该更自私和慎重一些，审视自己的时间、自己的精力是否真的用对了地方。

- 它是你喜欢的吗？一份不喜欢的工作会让人感觉度日如年，极大地损耗自己的精力。
- 它是有增量的吗？一份没有增量的工作会让人囿于时光而没有成长，只能终日原地打转，最后消耗掉对工作的热情和对未来的期望。

只有一份主观意愿上喜欢、客观情况上有发展的工作，才能支撑我们走得更远。

请向自己发问。

- 我为什么选择这份工作？出于哪些原因？
- 在林林总总的原因中，有哪些是真的基于"自我"的原因？
- 我喜欢这份工作吗？它令我有发展吗？它值得我花费如此之多的时间吗？

脱掉纯金的枷锁、摘下短视的眼镜，选择一份自我取悦、自我成就的工作吧！

> **Tips**
>
> 延迟满足希望你不只做当下的选择，还会适当地将未来折现到当

下后重新思量：综合考虑未来的发展速率和收入增长速率，综合考虑当下的钱和未来的钱，帮助自己做出更好的决策。

外部的期望，是强大的动力，更是华丽的枷锁。你的职业目标不应该以迎合外部的期望为导向，更不应该让外部的判断结果代替自己的决策过程，这看似是一种孝顺、一种尊重权威，但实质是一种偷懒，更是一种对自己的不负责任。

向外，承认外部的期望与比较；向内，挖掘自己的动因与期望。如果能够做出悦人悦己的选择，那自然最好；如果内外难两全，那就请在能力范围内，尽可能做出悦己而不伤人的选择。

第二章　Ikigai，工作的四维之花

明确了自己选择一份工作的内部动因是什么之后，接下来就可以进一步评价一份工作对自己来说是否是合适的机会。

什么是工作的四维之花

这里可以参考一个来自日本的哲学概念：Ikigai（生命的意义）。"Ikigai"一词可以分为两部分：Iki和Gai。前者指代生命，后者指代意义。它原本用于描述日本人的生活哲学。在你找到了Ikigai之后，就会因为找到了生命的意义而获得充盈感和满足感。而将这个概念套用到工作中，可以从四个维度来评价一份工作。

- 你热爱的事情（What you love）：心力所向。只有做自己热爱的事情，你才会乐在其中，而不会因为工作量太大而感到厌倦。
- 你擅长的事情（What you are good at）：能力所长。只有做自己擅长的事情，你才会做得得心应手，也就更容易成长为相应领域的专家。这里的擅长，既有硬技能的专业与专长，也有软实力的匹配与适合。
- 有意义的事情（What the world needs）：意义所在。你所做的

事情是真的能对他人和外界产生意义,还是可有可无,甚至有些负向?人是需要意义感驱动的,是制造价值还是制造垃圾,也许外部不明说,但是自己的内心还是有认知的。

- 有酬劳的事情(What you can be paid for):收入所在。工作还是要赚钱的,你还是要支撑自己过上体面生活的。而你在就业市场上的稀缺性就会折现到公司愿意为你支付的报酬上。

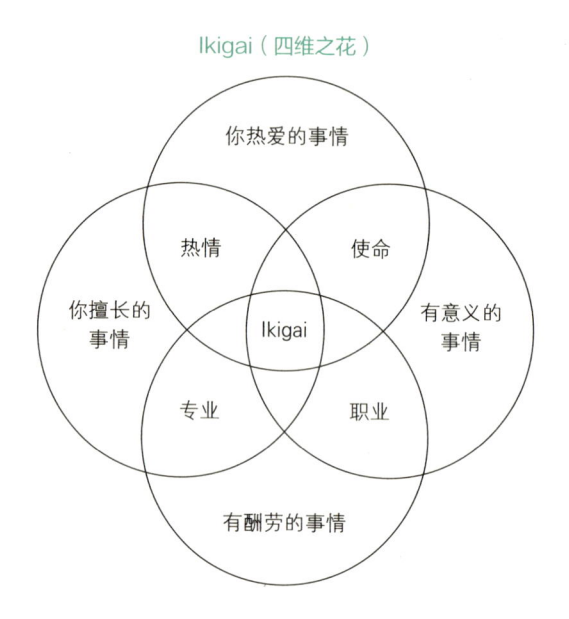

Ikigai(四维之花)

```
          你热爱的事情
       热情        使命
你擅长的      Ikigai      有意义的
  事情                      事情
       专业        职业
          有酬劳的事情
```

在上述四个因素中,前两个是与你相关的主动因素,后两个则是这个世界对你的选择所做出的被动响应。四个圆圈相交,就构成了诸多不同的象限,形成了如上图中的一朵花。

你的选择落在了哪个象限

你的每份工作选择,都会落进特定的象限中。所以,不妨比对一下自己的选择最后会带来什么可能的结果。

这些圆圈两两相交,就会得到第一层。

- 做热爱且擅长的事情:构成了热情(Passion)。热爱一件事情,你会乐此不疲地做。因为擅长,所以工作能够持续地给你带来正反馈,你可以从工作中享受乐趣且不断精进。
- 做热爱且有意义的事情:构成了使命(Mission)。你不仅热爱所做的事情,而且在工作的过程中感受到了世界的召唤,你知道自己不是在砌一面墙,而是在建设一座神殿。
- 做擅长且有酬劳的事情:构成了专业(Profession)。你精于此道,且能够从中获得报酬。
- 做有意义且有酬劳的事情:构成了职业(Vocation)。打份工嘛,有外部需求就有工作机会,有人愿意出钱,你也能从中获得报酬。

进一步,每三个圆圈交叠,我们就会发现事事哪能尽如人意,还是会有各种遗憾。

- 热爱、擅长、有酬劳但无意义:工作能够让你得到收入和乐趣,但是你无法从中感知到意义的驱动。很多在公司里从事基础工作的人往往会因为只见树木不见森林而产生这种感受,无法感知到自己所做的事情和外部的连接是什么，也感受不到它更大的意义所在。"世界上最聪明的大脑，如今每日思考的是如何让人点击广告"，这句话就是对缺少意义感的工作最好的注解。

- 热爱、擅长、有意义但少酬劳：这个世界上总有一些虽然报酬不丰厚但是需要坚持和守望下去的事情。我曾经辅导过一个同学，尽管他学习的是"高大上"的金融专业，但是一次暑期支教的经历改变了他的人生轨迹。毕业后，他并没有如大家所预期的那样进入投行工作，而是选择了走进乡村：在课堂上，他是老师，辅导小朋友们学习；在课堂外，他通过自学成了一个三农主播，通过小视频和直播卖农产品的方式，帮助乡亲们更好地脱贫致富。这个从经济回报上看并不富足的选择，却让他收获了极大的意义感和满足感，让他孜孜不倦、乐在其中。

- 有意义且有酬劳、热爱但不擅长：这种情况更像老天爷和我们开的一个玩笑。我不知道在校园里你有没有偏科的经历，彼时我们往往被教育要取长补短、全面发展。但是，走入社会之后，你可能更需要清醒地认识到自己的短板是什么，不要用自己的短板和别人的长板PK。这个世界上有很多事情更应该作为爱好而非作为工作存续，对成年人的你来说，这一点需要尤为郑重考虑。

- 有意义且有酬劳、擅长但不热爱：和"热爱但不擅长"相反，国内重视理工科、重视实用性的体系，造就了很多技术型人才。在此背景下，大家往往会走上"擅长但不热爱"的道路：抬头看看你身边的前辈，也许就有这样的人。他们往往因为专业合适，而在毕业之后相对顺利地找到了工作，然后一路走到了今天。虽然工作足够熟悉且擅长，但谈不上热爱，更多的是按部就班，整个人相对舒适却总觉得缺乏挑战。

无论你当下的工作选择从哪个圆圈出发，你都会经历一个又一个象限的叠加，在一次次的实践过程中迭代：自我认知的更新、工作认知的更新、行业认知的更新。**正是这样一次次的积累，才让你的职业生涯呈现出螺旋式上升的态势，也让自己更加接近四个圆圈的中心**，将自己的所爱和所长、外界的所需和所酬逐步叠加在一起。也只有这样，才可以说你从工作中找到了Ikigai，找到了意义和价值。

> **Tips**
>
> 无论是工作还是生活，意义感都能给我们带来极大的满足感。
>
> 初识工作时，我们或许只有懵懂的意识，只能做出下意识的惯性选择。而随着对外部世界的认知和对自我兴趣及能力的认知，我们能够为自己做出更好的工作选择，将自己的所爱和所长、外界的所需和所酬逐步叠加在一起，从而一步步走到Ikigai模型的圆心。

第三章　如何评估自己和工作的契合度

明确了Ikigai，我们也就明确了工作要追求的目标状态。可是，幸福的人总是相似的，不幸的人却各有各的不幸。求职就像恋爱，工作就像婚姻。无论在哪个阶段，一厢情愿的执念都不能带来好的结果，只有两情相悦的彼此适合才会有好的结局。

对于自己，如果没有认清自己的所长，一味执拗在自己热爱但并不擅长的事情上，就难免会陷入投入满满却徒劳无功的状态；同样，即便从事一份大家都称赞的工作，但是自己并不热爱，就像陷入一段看上去光鲜却冷暖自知的婚姻，也会让自己感觉度日如年、徒增烦恼。

对于工作，如果不能更前置地看到工作能给自己提供的机会和可能的上升空间，则难免在入职一段时间之后发现"所托非人"；更差的情况，如果未经审慎选择加入了走下坡路的公司，就难免随波逐流，还没有攀登就开始向下滑坡了。

所以，**在开始一段工作关系之前，我们应该更认真地评估一下自己和工作的契合度究竟是怎样的**，尽量在职业生涯伊始就更有意识地踏上Ikigai的追寻之路。

评估自己。

- 硬技能：我有什么样的硬技能、未来我是否愿意在这些技能上精益求精。

- 软实力：我的性格是怎样的，比如我是外向的人还是内向的人。

评估工作。

- 行业：这个行业是否有发展前景。
- 公司：这家公司在行业中处于什么样的位置，公司是否能够给我后续的发展提供足够大的发展空间和背书。
- 岗位：岗位的工作内容是否是我喜欢的，其要求的技能是否是我擅长的。
- 团队：团队直属领导的风格是否是我能接受的、团队文化是否是我喜欢的。

评估硬技能

评估硬技能的第一个阶段，就是评估Ikigai模型中的"能力所长"和"收入所在"。

把自己视作产品：互联网大厂求职、进阶之道

公司给我们发月薪，本质上并非为我们的时间支付报酬，而是为我们在对应时间内的产出支付报酬。只有能够给公司带来切实的收益，公司才会支付自己相应的报酬。

所以，我们在选择工作之前，可以看看自己具有哪些有市场需求的技能，找到自己擅长的和外界愿意支付报酬的之间的交集。这些技能所对应的，就是我们择业的基础空间所在。

首先，评估硬技能在当下的擅长程度。

对刚毕业的同学来说，硬技能对应的是自己的专业技能，这一点在技术驱动的专业里表现得尤为明显。在我访谈的同学中，有很多同学在研究生阶段转到计算机专业，追求的就是计算机专业作为一个技术工种，能够给自己提供相对明确的职业发展路径——研发工程师。在当下，初入行的研发工程师一样能够获得一份比较不错的报酬。

如果你不想选择专业对应的工作方向，那么也可以更早地通过自学、实习等方式来积累对应的职业技能。只有这样才能让自己的简历有东西可写，也给招聘者一个录用你的初始理由。在知乎工作期间，我看到越来越多的职场人不再是单纯由焦虑驱动而学习一些看上去时尚的泛知识类内容，而是更有目的性地去学习特定的技能，从而让自己获得转行或择业的相对竞争优势。比如，你想做内容运营，就应该掌握不同平台的分发特点，了解用户的情绪点和关注点，熟悉常见的标题套路等。

其次，评估硬技能在未来的精进可能。

如果说评估当下的硬技能可以让我们拿到一份尚可的工作，那么唯有成为专家才能让自己成为领域内不可替代的稀缺资源，从而得到进阶的工作机会和更高的收入。但是，**成为专家并不是一个单纯的累**

积过程，在任何一个领域，如果没有热爱是很难长时间全情投入的，如果没有办法全情投入是难以实现精进的。

所以，评估硬技能的第二个阶段，就是评估Ikigai模型中的"心力所向"：不妨先问问自己的心，剥离开这份工作能够给我带来相对稳定的收入这样一个前提条件后，我是否还愿意持续从事这份工作，并进行自发的钻研和精进。

如果意识到自己热爱当下的领域，那么恭喜你：可以通过尽情投入其中，让"一万小时定律"在自己身上更快地生效，使自己成为具有行业影响力的专家。如果意识到自己对于当下的领域无感，同样恭喜你：既然你已经有了一份足以让自己维持生计的工作，表明你有一段相对安稳的时间来探索自己热爱与擅长的工作。

以我为例，我出身计算机专业，毕业后进入百度搜索部门成为一名搜索架构研发工程师。尽管研发这份工作给了我还算不错的起步薪酬，但是我在工作的过程中逐渐意识到：自己在编程领域仅是还行的水平，我对写代码虽然并不反感但也谈不上热情。反观公司内的研发"大神"，在休假期间都会自发地研读计算机论文，编写Ai-Bot来下围棋等，我也就能够更清楚地认知到自己的职业成长上限：我可能成为一个还不错的中级研发工程师，但是距离P8、P9这样的高级研发工程师，差的不仅是客观的能力，更是主观的自驱和热爱。

这也是我会转行到产品经理路径的原因：做研发，我可能做到P7就到头了，但是做产品，我的能力和意愿有可能使我做到P9甚至更高。客观地评估自己的枳累，我在技能上熟悉产品设计和研发的全流程，在思维上在了解用户是怎么理解服务的，在意愿上愿意不断完善一个复杂生态的流转，从而让用户方和平台方能够更加顺滑地在其中交互。

以上是我对自己的评估，你对自己的评估又是如何的呢？

评估软实力

不同于硬技能是后天和向外的，软实力往往是先天和向内的。

长久以来，学校和权威传递给我们的理念是：做人要克服短板、全面发展。我们孜孜不倦地和自己的短板做斗争，这似乎成了一种默认的共识。但是，对于即将步入职场的你，我需要和你明确的是：人力有尽时，每个人天生就有自己的性格短板，更好地了解自己的性格特点，更清醒地扬长避短，这本身也是认知和发挥"能力所长"的一种方式。

如果我们一味地拧着性子，在一份不适合自己的工作中坚守，也许能够通过努力做到领导要求的产出，但代价是自己在工作中损耗了太多的能量。往往一天工作下来，自己就像被用尽了电的电池一样，疲惫不堪、毫无精力。

仅以外向和内向为例。张同学学习的是文史类专业，性格比较内向，不擅长与人打交道，属于进入会场永远选择边边角角落座，大家一起唱歌时永远最后发声的那种人。可是，在毕业时，他还是选择了一份看起来"高大上"的与市场相关的工作，每日与各种各样的合作方沟通对接、讨论方案、迎来送往。

当他应对这份工作的时候，他开始痛苦地意识到，自己每天都需要打起十二分的精神，才有勇气面对这一天的工作。同样是上了一天班，组里的其他小伙伴还都生龙活虎、约会唱歌，可他却早就像被掏空了一般，只想回家休息。

"是哪一部分工作内容在消耗你的精力呢？"在咨询的过程中，我引导张同学将自己一天的工作进行分类——写方案、组内讨论、组外沟通、外部推进等模块，再分别列出自己在上面消耗的精力。在将一项项工作内容罗列完之后，张同学突然明白：做案头工作、在组内和非常熟悉的小伙伴讨论，对自己来说比较得心应手；而当面临组外沟通，尤其是和外部供应商沟通的时候，自己则需要做各种心理建设和准备，每次沟通都会令自己疲惫不堪。

像张同学这样的情况，对工作来说出现的就不是硬技能的差异，而是软实力的差异。天生偏内向的性格使他只有在自己比较熟悉的社交半径里才能比较自如地表现和发挥；而每次面对陌生人的过程，对他来说都是一种消耗，更别提市场工作中需要频频面对陌生人了。

所以，**明确自己的软实力，只是为了帮助我们正视镜子里的自己，看到自己的差异**。你擅长做什么类型的事情、不擅长做什么类型的事情，某种程度上是先天基因和过往几十年的家庭、学校生活所共同塑造的，并不是说改就能改，能够为了一份工作就立刻补齐的。

了解自己的性格优劣势，找寻契合长板、回避短板的机会，就是我们在选择工作时最好的选择。**我们在工作上投入和消耗的，从本质上说不是时间，而是我们的能量和精力**。只有找到能量和精力消耗更低的路径，才能让自己保持在低压力、低损耗状态下工作更长的时间，而不至于总是陷入过度疲惫的状态。

如果你还没有做过MBTI测试，那么不妨放下手中的书，先去做做这个测试，基于心理测试的结果再来思考一下自己究竟适合怎样的工作。

MBTI测试

1921年，心理学家卡尔·荣格（Carl Jung）发表了一套性格理论，认为性格的差异会影响到个体的判断力。他将性格的差异划分为内向型/外向型、感觉型/直觉型和思考型/情感型。

20世纪40年代，伊莎贝尔·迈尔斯（Isabel Myers）和凯瑟琳·布里格斯（Katharine Briggs）在此基础上，追加了"判断型和知觉型"，得出了今天我们所常见的MBTI模型。随着MBTI测试越来越成熟、越来越得到认可，在今天，不仅很多公司在招聘的时候会考察MBTI测试的结果，而且在很多社交网站上，大家都会比较和标明自己所属的MBTI类型。

MBTI模型有四个维度，从以下角度来分析我们的认知和行动。

- 我们与世界的相互作用是如何的？内向（I）和外向（E）
- 我们下意识会留意的信息类型是如何的？感觉（S）和直觉（N）
- 我们通常如何做出决定？思考（T）和情感（F）
- 我们通常的做事方式是怎样的？判断（J）和知觉（P）

基于这四个维度中的偏向性，会交织出16个象限，我们每个人都会落在这16个象限之一。不同象限内的性格特点，会对应到一些可能适合的工作类型。比如，如果你是NT类型的人，那么从事研究与开发相关类型的工作往往更容易激发和利用你的天然优势；有一定STJ倾向的人，则更适合从事行政类，而非艺术、设计类的工作。

以我为例，我是标准的INTJ型人格。INTJ型人格被称为策划者，这类人通常是完美主义者，通过实事求是的实用主义理念和行动来追求完美的结果。他们的工作原则性强、标准高，对自己和对别人的要求都很严格。他们不会被别人的冷遇和批评所干扰，喜欢以自己的方式做事。拥有这样性格特质的人比较适合的职业是工程师、律师、医生、科学家等。

ISTJ	ISFJ	ISFP	ISTP
安静、严肃，通过全面性和可靠性获得成功	安静、友好、有责任感和良知	安静、友好、敏感、和善	灵活、忍耐力强，是一个安静的观察者
INTJ	INFJ	INFP	INTP
有创新的想法和非凡的动力	寻求思想、关系、物质等之间的意义和联系	理想主义	寻求合理的解释，喜欢抽象理论
ESTJ	ESFJ	ESFP	ESTP
实际、现实主义	热心肠、有责任心、乐于合作	外向、友好、适应力强	灵活、忍耐力强、实际，注重结果
ENTJ	ENFJ	ENFP	ENTP
坦诚、果断，有天生的领导能力	热情、为他人着想、易感应、有责任心	热情洋溢、富有想象力	反应快、睿智，有激励别人的能力

类似MBTI模型，比较常用的还有大五人格模型：外倾性（言谈、社会交往和自信的程度）、随和性（随和、合作和可信任的程度）、责任意识（对工作的责任感、可靠性、坚持不懈和成就导向）、情绪稳定性（平静、热情和安全的程度）和经验的开放性（好奇的、智慧的、有想象力和创造性的、有艺术细胞的）。这些性格理论已经广泛应用到公司招聘、人员选用过程中的心理测量、内部人才盘点和职业规划中。

需要反复强调的是，性格特质中的评分犹如人的五指，确有长短之分，但无优劣之别。无论你在MBTI模型或大五人格模型中被分到了哪一区间，这个分类本身没有好坏之分，只是试图通过量表来更好地反映和认知自己的内在性格状态，从而更好地认知自己的天性是什么。

国内的教育往往"重技艺、轻天性"，所以在职业培训的过程中，我见过了太多削足适履的案例。这些同学或许确实有比较扎实的硬技能，但是相应的软实力并不匹配，于是造成了很多工作中的情绪问题。

所以，在每次培训开始前，我都会让同学先完成一遍MTBI测试或大五人格测试来认知自我，再拆解一下当下的工作内容，结合自己的性格特点和工作内容进行匹配度的连线。如果二者能够匹配当然皆大欢喜，如果不能匹配，我就会建议同学看看新的工作岗位，以更好地自我适配。

重新认识自己的天性，了解自己的软实力，也让很多同学在完成了心理测试后，有种恍然大悟的感觉：难怪自己过往对于不同类型的工作会有天然的亲疏之分，这一情绪的差异并非源自畏难，而是写在性格基因里的不匹配。多花一点时间去了解自己，多花一点心思去追寻机会，就可以找到发挥自己技能和性格长板的工作。

评估行业和公司

"学成文武艺，货与帝王家。"掌握了扎实的硬技能，了解了自己的软实力之后，接下来就要做出"良禽择木而栖"的选择了。

择一枝良木，我们需要自上而下地评估行业和公司。通常，我会建议选择一个大而繁荣的行业。因为水大鱼大，只有足够繁荣的行业，才能容纳足够多的公司，提供足够多的工作岗位，制造出足够大的流动性；也只有足够繁荣的行业，才能吸引到足够多的优秀人才涌入，从而带来更强的竞争性和成长性。

首先，我们可以从行业研报、典型公司的角度快速建立起对一个行业发展状态的认知。

以"行业+分析报告"为关键词，去搜索引擎里查找一番，这样做能够让我们快速了解这个行业的概况。之后，进一步围绕行业里的典型公司去搜索，查看围绕它们的分析报道和讨论，知道典型公司在做什么样的调整。这个步骤主要是为了帮助我们"避雷"。如果一个行业负面新闻多多，或者典型公司已经开始转行或调整，那么对于抗风险能力相对差的职场新人而言，就应该尽量规避，不要一脚踏空，跌入天坑。

2021年因为政策调整，很多K12教育行业的从业者涌入了就业市场，我也因此面试了不少前教育行业从业者。在招聘的过程中，我讶异地发现了这样一些候选人：他们在2021年4、5月才刚刚从别的行业跳入K12教育行业。而在当时，各种山雨欲来的新闻和报道已经屡见不鲜了。在面试的过程中，我就会额外询问面试者这样一个问题："在你跳槽时，已经有非常明确的报道要对该行业进行调整了，那为什么你当时还会做出跳槽的选择呢？"而得到的答案让我意识到，其实很多人并没有特别认真地思考过行业的发展状态究竟是上行还是下行，往往只是冲着公司的名头大就去了，结果让自己陷入了刚入职就不得不去找下家的尴尬境地。

除通过公开信息建立对于行业发展状态的认知外，我们还可以从身边人入手，向师兄师姐取经，了解行业当下的发展阶段。我们可以问问他们的公司发展情况如何、自己的工作状态是怎样的，也可以了解一下他们的领导是什么年纪、处于什么状态。通过从业者的角度，可以知道这个行业当下是竞争激烈、机会频出，还是相对平稳、螺旋上升。我们可以从一家公司里前辈的身上看到自己未来的投射，进而评估这样的工作状态是否适合自己。

然后，在明确了行业大体的发展状态后，就可以进一步看看公司当下所处的位置。只有优先选择排名靠前的公司，才能看到、经历到相对大规模的业务，为自己的能力增值，进一步提升自己在跳槽时的竞争力。

通常，在信息技术行业会存在"70-20-10"规律，即行业老大占有70%的市场份额，行业第二名占有20%的市场份额，其他小的公司共享10%的市场份额。这一特点在搜索行业、电商行业、手机行业都有所体现。腾讯之于社交，阿里巴巴之于电商，今日头条之于信息服务，美团之于本地生活都是如此。而在传统行业，市场份额则相对分散，不太会出现"赢家通吃"的局面，更多会呈现出"群雄并起"的格局形态，如金融、日用品、零售业等。

所以，在挑选公司时，可以基于自己目标行业的公司竞争格局做出预判。如果是"70-20-10"的行业，就需要以行业前两名为目标；而如果是市场份额相对分散的行业，那么可选范围就扩大了很多。

良禽择木而栖，通过对于行业和公司的筛查，希望你能够找到一根相对坚实的树枝，可以支撑自己在未来一段时间内的发展和成长，并能让自己在跳槽时获得助力，一飞冲天。

评估岗位和团队

评估行业和公司的时候要由大到小，因为水大鱼大，没有大环境的规模就没有具体公司的发展空间。但是，当我们进一步评估岗位和团队的时候，则需要由小到大。行业的好、公司的好，给我们提供的是发展的上限；而岗位的好、团队的好，决定的是我们这份工作的下限。**在宏观环境相对稳定的情况下，微观环境更能影响我们在一定周期内的发展情况。**

对初阶的同学来说，小环境比大环境还要重要：只有岗位、团队契合了，自己才能得到指导和扶持，才有可能不断习得知识和技能，做出产出和业绩。

在评估岗位的时候，更多要看的是事。即这个岗位的主要工作内容是怎样的，它所做的事情是否是你感兴趣的，还是只是一个为了招聘方便而挂羊头卖狗肉的岗位。我们可以通过细致地查看招聘职位描述（Job Description，JD）、在沟通的过程中询问面试官来建立自己对于岗位的评估。

在评估团队的时候，则更多要看的是人。即团队里有没有导师机制，自己在团队中的直属领导是谁。常有人说自己喜欢今日头条的企业文化、喜欢知乎的企业文化。但是对于一个团队而言，文化是由每个参与者塑造的，其中最重要的塑造人就是团队的领导。所以，你可能在一家很严厉的公司里看到一个很温和的团队，也可能在一家节奏相对慢的公司里看到一个雷厉风行的团队，其中核心的影响就在于你的领导。他的风格，决定了你所在团队的风格。

选择适合自己的岗位和团队，既能够发挥所长，又能够获得团队的支持和助力。

既然我们已经通过Ikigai模型了解了不同场景下交织出的可能象限，就可以更前置地去评估自己的性格特点、技能水平，去评估行业和公司的发展阶段，去考量岗位和团队能够给予自己的发展助力，减少试错的过程。

求职是一种双向选择，请擦亮双眼，做出最适合自己的选择！

Tips

对于硬技能，需要评估当下的擅长程度、未来的精进可能。

对于软实力，需要更好地了解自己的性格特点，更清醒地扬长避短。

我们可以从一家公司里前辈的身上看到自己未来的投射，进而评估这样的工作状态是否适合自己。

行业的好、公司的好，给我们提供的是发展的上限；而岗位的好、团队的好，决定的是我们这份工作的下限。

第四章　你总该经历一次大厂

窦佳彤没有想到，自己会在四年的大学生活之后重新面对两难的选择。

在四年前高考结束后，他就面临过好专业与好学校的纠结，最终选择了好专业、进入了一所听起来名头不那么大的学校。而在四年后的求职过程中，他同样面临大厂和创业公司的两难选择。进大厂必然从基础岗位做起，似乎从第一天开始就会成为一部轰鸣机器上一颗微不足道的螺丝钉；而选择创业公司，自己涉猎和负责的领域半径必然会扩大，那些草根逆袭的创富神话似乎正在眼前生动地上演。

而当他带着大厂和创业公司的纠结问到我的时候，我毫不犹豫地回答："站在今天这个时间点下，我强烈建议你去大厂。"

个体的选择离不开时代的窗口。当下，已经不再有遍地黄金、草莽捡钱的机会了，你也很难像在当年万众创业的时代，做出"加入创业公司，五年实现财务自由"的乐观预估。对还没有什么积累的年轻人来说，在当下，我们可能需要更审慎地对待工作选择，为自己的未来职业发展选择一条相对稳健的道路。

基于稳健成长的考虑，大厂自然成了职场新人较优的起步选择。大厂具有相对完善的内部沉淀、新员工培养机制和晋升机制，能够帮助我们完成从学生到职场人的角色转换，对职场新人来说往往更加友好。

把自己视作产品：互联网大厂求职、进阶之道

<u>进入大厂能够让我们得到什么呢？打基础、提能力、交朋友、贴标签</u>。

打基础

因为逐年都会招聘和培养大量的应届生，各个大厂逐步形成了一套面向应届生的培养机制：以课程体系和导师体系来帮助我们更好地完成从学生身份到职场人身份的过渡。

进入大厂，我们学习到的第一课往往并不是如何去做具体的业务，而是关于如何发邮件、如何写周报、如何约会议、如何推进协作等这些看似基础的工作方法。正是这样的基础工作方法，构建出公司这个协作组织的基础运转法则。

公司是一个协作组织，各个环节环环相扣、共同做功。让自己变得更好、产出更高，只是提升了自己在这一环节的效能。只有和其他环节更高效地协作，才能放大自己的产出，带来更大的收益。正是这些看似繁文缛节的规定、听起来平平无奇的基础工作方法，才让我们更快速地切入职场人的角色里，更高效地与团队沟通协作，从而更有效地推进业务的发展。

比如，以提案或设计为例，一个必须遵循的基础工作准则就是：保留每个过程版本。

窦佳彤在实习的过程中，就因为这个栽过大跟头。针对某业务数据的分析报告，他和导师一遍遍地打磨后和老板对接，从下午一直到深夜，围绕数据拆解方式和呈现逻辑，改了一版又一版。最后，老板

发话："我们确定使用上一个版本吧。"导师如释重负，觉得终于完成了任务可以下班，可是窦佳彤却一脸苦楚，宛若坠入冰窖：原来，最近三四个版本她都没有保留过程版本，而是反反复复在同一个文件上修改。回退到上一个版本对导师来说，无非是从文件夹里选择出上一个版本，用上一个版本的文件就可以收工大吉。可对窦佳彤来说，因为没有保留过程版本，明明是回退这样的小事，却仍然带来了需要重新修改的额外工作量。

基础工作方法如此重要，也难怪美团的"四大名著"全都是和工作方法有关的书。它们分别是：《高效能人士的七个习惯》《学会提问》《金字塔原理》《用图表说话》。而这四本书分别对应：如何进行自我时间管理，如何具有批判性思维，如何建立逻辑和结构化的思维及表述方式，如何用图表更高效、更明确地传达和表意。

对刚起步的职场新人来说，掌握了良好的工作习惯和方法，就像在职业生涯里种下了一颗刚萌芽的种子一样，会一直作用于我们后续的成长过程，让我们的工作事半功倍。

提能力

在基础工作方法之上，大厂对于人的培养体现在专业能力的精进和提升上。

每家大厂都有自己深耕且领先的业务领域，在这些领域自然也就积累下了相对领先的工作方法论。比如，百度在搜索领域的积累、美团在O2O领域的沉淀、今日头条在推荐领域的知识等，都是具有前瞻性和行业领先性的。进入大厂，通过导师的指导和公司内相对完善的知识积累，我们就像得到了一本大门派的"武功秘籍"，可以快速上手，掌握相应的工作方法论。

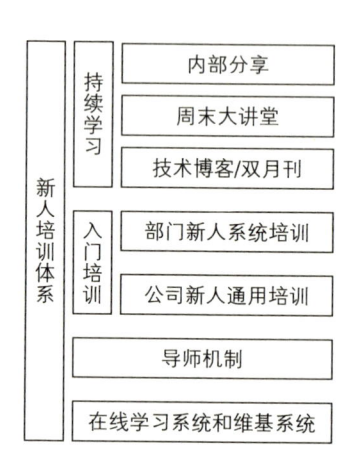

```
新人培训体系
├── 持续学习
│   ├── 内部分享
│   ├── 周末大讲堂
│   └── 技术博客/双月刊
├── 入门培训
│   ├── 部门新人系统培训
│   └── 公司新人通用培训
├── 导师机制
└── 在线学习系统和维基系统
```

每年校招过万人的公司不仅有大量的岗位，还有完善的新员工培养机制，从基础的数字化平台和一对一的导师机制，到部门和公司维度面向新员工的系统化培养机制，以及支持自学自驱的分享、讲座形式等。完善的人才培养体系不仅帮助公司更好地接纳了每个新人，也帮助每个新人更好地完成了过渡和成长，快速适配岗位的能力要求。

当然，掌握了"屠龙技"并不够，还得有"真龙"可屠才行。大厂不光教给了我们工作方法论，也提供了相应的可以施展的舞台。毕竟，只有足够大的业务规模，才会有足够复杂的业务场景，才可能支撑起足够精细化的空间和足够多的可能。我们在大厂里所面对的业务规模和问题，是在其他公司里很难遇到的。

小公司和大公司的差别，就好像学界和工业界的差别。尽管我们在实验室里做出了种种优秀的结果，但是只有进入大公司才会发现，自己在实验室里做了太多太强的假设,一旦走出象牙塔就会面临各种现实化的问题。当你真正做过大业务之后,再进入小公司、查看小业务,就会天然地具有降维打击的优势,能够游刃有余地胜任。

以我自己为例。我本硕读的都是计算机专业,毕业后的第一份工作是在百度搜索部门做与架构相关的工作。自认为学业成绩和编程能力还不错的我,承接的第一份工作就碰到了钉子:我要面对的不是一两台服务器,而是成千上万台。面对如此大规模的服务器,连基础的信息和数据同步都成了一个单独的问题。于是,我在百度学习了如何应对大规模数据的分发和调度,如何处理各种并发性能问题和各种各样的异常情况。经历这么大规模的业务,对我个人而言无疑是一种蜕变和提升。之后,当我再去面对一些模型相对简单、复杂度不高的业务时,就会变得更加从容和自信,既然已经用过牛刀,如今杀鸡自然轻而易举。

我们常常调侃百度是互联网研发行业的"黄埔军校",在北京互联网圈,只要是做后端技术的,1/3 的人都有在百度工作的经历。可是,从另一个角度想想看,经由"军校"浸染,从"军校"毕业,我们自然也会被"军校"的氛围所熏陶,被"军校"的做事方法所影响和教育。经过一系列实践,自身的业务能力必然能得到切实的提高。

除了提供了更大的业务历练和发展舞台,**大厂也提供了更大的杠杆,能够极大地放大我们在单位时间的努力与产出**。想象一下,同样在做电商业务,你在一家品牌商做出的一个决策,会直接影响到你的顾客,可能影响几百人甚至上千人,而在一家电商平台做出的一个相仿的决策,则会影响成千上万人。就像传动齿轮一样,当你身在一个巨大的系统中时,你就会具有更大的传动系数,小小的转动就能够驱动巨轮滚滚向前。

当我们在评价一个候选人的能力的时候，时常会思考，这个候选人具备的究竟是个体能力，还是平台红利。但事实上，成绩是复合的，能力的产出与平台的加持和贡献密不可分。能够适配大厂的决策体系并且善用大厂的赋能杠杆，本身就是一种能力。

如果想要正确地做事、做更大的事，就去选一家可以作为支点的大厂吧，用更长的杠杆，撬动起整个地球！

交朋友

在大厂工作的意义，不仅在于自己得到了更大的发展空间和能力的提升，还在于结识了一群优秀的队友，得到了一个优质的朋友圈。

在职时，好的队友是可以背靠背相互依赖的。一家公司就像一个球队，在球员的整体素质都很高的情况下，就能够达到1+1>2的效果。你很快会发现，自己的所有协作方如机器一般精准，允诺的事情鲜有延迟，只要在迭代过程中及时沟通，他们永远不会掉链子，能够给你及时且稳定的反馈。

正所谓"不怕神对手，只怕笨队友"，很多从大厂走出的人，最怀念的就是原本的团队素质。大厂的成员工作准确、高效，你可以放心地传球给你的队友，而不担心他们会脱手或把球投飞，从而将更多的精力集中在解决切实的事情（业务问题）上，而非解决拖沓的人（人员问题）上。

除相互协作外，你的身边人也会成为激发你的人、值得你学习的人。"好答案远不如一个好问题重要",在和优秀队友协作的过程中,他们会一遍遍地给你传递高难度的球,让你意识到自己还可以有进一步迭代的空间。在组内,你能够常常遇到"大神",他们处理过不同类型和不同复杂度的问题,能够在碰到新问题的时候快速找到对应的解法,让你叹为观止;在组间,你同样会被兄弟团队提出更高、更难的需求,从而不得不去攀登高峰。为了融入团队氛围、配得上与他们为伍,你也开始对自己严格要求,从而变得高效且专业。

比如,2019年,在微信群私域的概念广为流传之前,某教育企业就已经通过机器的方式管理了成千上万个微信群,运营了百万量级的用户。其技术团队要解答的是运营人员提出的问题:"我们有没有可能在运营的标准化服务流程确定后,能够记住技术手段,并自发地服务更多人?"而作为这一问题的提出人,运营人员也基于技术能力,实现了数据指导下的用户分层和精细化运营动作。这说明,在大厂你不仅能在自己的领域之内勇攀高峰,还能在自己的领域之外拓展见识和眼界。

离职后,就像各个大学在毕业后会有校友会一样,各个大厂同样有自己的离职群:百度的百老汇、腾讯的南极圈、阿里巴巴的前橙会、字节跳动的字游人等。离职的人员在不同的公司间流动,从而构建起了更为密集的信息网络和人际网络。在离职群内,你往往能够得到比媒体更快的、更准确的信息,并借由群内的交流和分享进一步拓展自己的视野。每当你寻求新的工作机会时,离职群也能够给你提供更为丰富的内推机会。

重逢时,当你在一家新的公司碰到之前公司的老同事时,也往往能够更快地打破隔阂。过往曾在同一家公司、同一个部门共事,让大家有了"战友之谊",能够天然地减小人和人初次见面的交流阻力,让你可以更快速地融入集体、更方便地开展工作。

请记得,<u>一个人或许可以走得更快,但一群人可以走得更远。</u>

贴标签

从功利的角度讲,进入大厂就像进入名校一样,是给自己的简历加分、贴标签的有效途径。

不管你喜不喜欢,标签化是这个世界运行的方式。我们往往习惯给一个陌生人贴上标签,从而降低自己大脑的认知和处理成本。而当我们在跳槽的时候,外部世界对我们的快速认知,同样源自我们简历上过往的学习和工作经历。

让我们一起走进公司的简历筛选系统:在各大公司自建的简历筛选系统里,各个候选人原本纷繁的学历背景和丰富的工作经历被系统无一例外地抽象成标签。比如,学历背景:学校情况、专业情况、绩点情况;工作背景:大厂经历、世界500强企业经历;工作稳定度:5年内少于3份工作经历、每份工作经历大于1年。在各大主流的招聘平台上,基于公司搜索候选人,也成为一项被HR(人力资源管理者)高频使用的功能。招聘者可以通过搜索公司名称来快速锁定想要联系的候选人。

"你听过搜索引擎优化(Search Engine Optimization,SEO)吗?"我对窦佳彤说道,"网站通过优化自己的信息和标签结构,让自己更加适配搜索引擎的检索方式,从而更容易被更多人搜到、看到。在招聘平台上同样存在推荐和搜索的功能。如果把自己想象成一个网站，那我们该做什么不言而喻。"

"我也需要优化自己的简历标签，才能让自己被更多公司看到？"窦佳彤回应道。

"当然！除非你已经成长到不需要大厂背书的阶段。否则，作为求职者的你难免进入这样的系统流转，被打上这样或那样的标签，成为筛选器的筛选对象。物竞天择、适者生存。在这样的筛选竞争体系下，只有让自己具有更多的标签，才能具备优势，更好地赢得竞争。"我回答道。

在当下的市场环境中，"大厂 × 职业方向"本身就代表了一种标签。我们常戏言："百度的研发、腾讯的产品、阿里巴巴的运营、美团的地推、今日头条的算法。"这种戏谑说法的背后代表了市场上的主流认知。当你在自己的简历里盖上好的公司、好的项目的印记后，无疑能够提升自己在求职市场上的议价能力。

只有被标签化，才有被筛选出来的可能；只有被筛选出来，才有被看到和录用的可能；只有被看到和录用之后，才有进一步自我成长、去标签化的可能。从给自己贴上具有说服力的大厂标签开始，让自己逐步形成个人品牌，是每个职场新人职业生涯的必由之路。

如果说"双一流"建设高校对每个学子来说，是一个学生时代需要追求的目标；那么大厂对每个即将从学校走进社会的同学、每个还没有多少职场经历背书的新人来说，同样是一个需要列入自己清单的目标。

你不一定需要持续鏖战于大厂，但你在自己的职业生涯中总该经历一次大厂。

> **Tips**
>
> 进入大厂能够让我们得到什么呢？打基础、提能力、交朋友、贴标签。
>
> 美团的"四大名著"全都是和工作方法有关的书。它们分别是：《高效能人士的七个习惯》《学会提问》《金字塔原理》《用图表说话》。
>
> 成绩是复合的，能力的产出与平台的加持和贡献密不可分。能够适配大厂的决策体系并且善用大厂的赋能杠杆，本身就是一种能力。
>
> 大厂的成员工作准确、高效，你可以将更多的精力集中在解决切实的事情（业务问题）上，而非解决拖沓的人（人员问题）上。

第五章　发现细分赛道的大厂

既然明确了我们的职业生涯应该经历一次大厂，那么什么是大厂呢？

谈及这个问题，很多人的第一反应就是BAT（百度、阿里巴巴、腾讯）、TMD（今日头条、美团、滴滴出行）。似乎公司的规模要是不突破百亿、千亿美元，就担不起一个"大厂"的名头。大家在投递简历的时候，目光也往往会被这些聚光灯下的大公司所吸引，削尖脑袋也想挤进大厂。

但说到大厂时只有BAT、TMD，这个答案并不正确。

正如我在评估个人和工作的契合度时强调的，选一家公司要看其行业和它在行业里的位置。除BAT、TMD这样大家耳熟能详的超级平台外，还有很多细分领域与赛道，在这些赛道里一样活跃着各种各样的垂类平台型公司及头部业务型公司。

信息质量决定决策质量。如果在求职大厂的过程中，只知道BAT、TMD，难免会让自己陷入过度激烈的竞争。只有尽可能完善自己的信息面，拓宽候选集合，才能发现那些特定赛道里，你很可能连名字都没有听过的"隐形冠军"公司。

那么，接下来就让我们开始锚定大厂，结合行业赛道下的业务规模做出具体的分析，通过公司的招聘规模确定招聘情况，枚举出不同行业内的大厂，为自己的大厂之路确定启航方向。

把自己视作产品：互联网大厂求职、进阶之道

超级平台与垂类平台型公司

首先，我们可以自上而下基于月活跃用户数量（Monthly Active Users，MAU）的角度去审视各大公司的用户规模。很多超级平台的MAU都以亿人为单位进行计算，一款应用的用户数堪比一座城市、一个国家的人。比如，微信的MAU为10亿人；淘宝的MAU为8.5亿人；抖音的MAU为6.7亿人；美团的MAU为3.6亿人（数据援引Quest Mobile《2021中国移动互联网秋季大报告》）。

这些超级平台除自身主营业务的服务能力外，还通过扫码、小程序等方式连接起种种第三方服务，使自身可以提供更多一站式的服务。比如，你不仅可以用微信相互沟通，还可以用它点餐、打车；你不仅可以用支付宝付款，还可以用它买理财产品、买保险，缴纳各种水电暖费等。这些应用基于自己的用户体量，在线上重新构建起了一个"虚拟国度"，影响着我们的衣食住行、影响着我们生活的方方面面。这也是一说起大厂时，你第一时间想到的就是BAT、TMD这样的平台型公司的原因。

而除社交、购物、出行、内容消费这样绝对的高频刚需的大规模领域外，我们同样可以关注那些垂类细分领域。术业有专攻，尽管超级平台会基于自己的绝对用户规模和竞争优势涉猎很多领域，但是它们并不能在每个赛道里复制自己的成功。这也使在垂类细分领域，存在着一些具有相对竞争优势的平台。比如，尽管在微信服务界面里有同程旅行的入口，但是MAU为7000万人的携程旅行之于差旅市场还是绝对的王者；虽然字节跳动的懂车帝发展速度很猛，但是MAU为6000万人的汽车之家依然在汽车资讯市场占据着领先的地位。

第一部分　从大厂启航

QUEST MOBILE　TRUTH 2021

TOP50赛道用户规模NO.1 App
2021年秋季中国移动互联网实力价值榜

序号	行业分类	No.1 App名称	2021年9月MAU（万人）
1	即时通信	微信	100,432.78
2	综合电商	淘宝	84,652.41
3	地图导航	高德地图	65,264.37
4	短视频	抖音	67,166.57
5	支付结算	支付宝	79,760.39
6	在线视频	爱奇艺	52,998.36
7	输入法	搜狗输入法	53,533.34
8	综合资讯	今日头条	32,538.82
9	在线音乐	酷狗音乐	24,797.41
10	浏览器	QQ浏览器	45,151.43
11	网上银行	中国工商银行	10,662.87
12	搜索下载	百度	58,991.10
13	微博社交	微博	48,422.37
14	Wi-Fi	WiFi万能钥匙	40,401.25
15	本地生活	美团	35,696.59
16	社区交友	小红书	12,993.73
17	效率办公	钉钉	19,559.45
18	在线阅读	番茄免费小说	9,074.77
19	天气服务	墨迹天气	14,928.79
20	聚合视频	华为视频	10,392.59
21	K12	作业帮	9,119.92
22	拍照摄影	美颜相机	5,264.21
23	外卖服务	饿了么	7,486.70
24	数码电商	华为商城	4,880.73
25	视频工具	剪映	9,115.05
26	分类信息	58同城	5,930.48
27	图片美化	美图秀秀	9,734.18
28	MOBA	王者荣耀	15,175.50
29	用车服务	滴滴出行	8,511.11
30	智能家居	米家	5,427.60
31	消除游戏	开心消消乐	13,033.08
32	相册图库	华为图库	12,606.81
33	闲置交易	闲鱼	11,196.95
34	快递物流	菜鸟	7,944.50
35	词典翻译	网易有道词典	10,362.70
36	在线旅游	携程旅行	7,924.29
37	汽车资讯	汽车之家	6,771.76
38	飞行射击	和平精英	9,516.84
39	网络K歌	全民K歌	10,831.90
40	网络音频	喜马拉雅	9,159.33
41	电子邮件	QQ邮箱	8,687.91
42	股票交易	同花顺炒股票	2,517.00
43	教育工具	学习通	2,980.28
44	传统棋牌	欢乐斗地主（腾讯）	3,837.93
45	生鲜电商	叮咚买菜	3,470.69
46	智能穿戴	华为运动健康	4,782.80
47	益智休闲	贪吃蛇大作战	1,156.24
48	车主服务	平安好车主	2,901.04
49	现金借贷	360借条	1,142.84
50	求职招聘	Boss直聘	2,629.05

数据规则：2021年9月月度活跃用户规模TOP50细分行业，每个细分行业月度活跃用户规模排序，选取TOP1 App，不包含终端商店、应用商店、安全服务、运营商服务、电子文档、性能优化、游戏平台、云盘存储。

Source: QUEST MOBILE TRUTH 中国移动互联网数据库 2021年09月

043

其次，随着移动互联网渗透率的快速提升，人们的需求得以越来越多的表达，也产生了越来越多的服务去承载这些小众的需求。这使我们原以为的大一统市场开始不断分化，基于人群特点、需求特点产生了不同的象限和切面。以社区类产品为例，B站、小红书、知乎，分别服务了同一年龄层的用户不同侧面的需求，在自己所在的市场象限内，建立起对应的用户心智，占据了相对头部的位置。以电商平台为例，人们在相当长的时间里以为只会有淘宝、京东两极分化，但是市场上一方面涌现出了"农村包围城市"的拼多多，另一方面诞生了小众的电商平台得物，在今天还有许许多多小众垂直的电商平台不断涌现出来。

头部业务型公司

除关注平台型公司外，我们还可以将目光投向在平台上活跃的各大业务方（头部业务型公司）。如果说平台型公司是生态的构建者，那么活跃其中的业务方就是生态的参与者。得益于平台基础建设的日趋完善，各种内容品牌、消费品品牌可以借助平台的力量快速发展起来。这些头部的业务方更灵活也更灵敏，能够快速地响应市场的变化，做出产品的调整和迭代，积累了大量的产品运营经验。

以彩妆产品完美日记为例。2017年诞生的彩妆产品完美日记，仅用了18个月的时间，就成了天猫彩妆类品牌中的销量第一，并于2020年11月19日在纽约证券交易所上市。而当我们回溯其发展历程时不难发现：完美日记在选品、营销、用户维护上都有可圈可点之处。

- 在选品上，完美日记通过监控市场上的销售情况，获取了天猫商城里几万个销售得不错的产品及其销量，并通过机器的方式进行色号的识别，基于销量将不同色号进行排序，从而推出了自己的口红。

- 在营销上，它更是借助小红书平台进行大规模的"种草"。每款完美日记的产品，你都能够在小红书上搜到成千上万篇"种草文"。同时，它联合不同的美妆博主为自己的产品进行带货。

- 在用户维护上，当你购买了完美日记的产品后，就会被引导添加客服人员的微信，加入对应的粉丝群。无论是客服人员的朋友圈营销，还是群里的优惠券发放，其目的都是不断加强和用户之间的连接，从而提升消费体验，促进复购。

这些运营的打法，我们站在事后看会觉得已经成为行业内的标配；而当我们回溯到当时的时间点下，就会发现完美日记是当之无愧的先行者，量化选品＋"种草"营销＋私域运营，成就了完美日记的快速成长之路。如果你在对应的时间点入职了完美日记，自然会伴随着公司的成长积累越来越多的经验，习得越来越多的技能，从而具有跳槽的资本和优势。

无论是超级平台、垂类平台型公司还是头部业务型公司，都因为占据了相对的优势地位而撑起了一片天空。对职场新人来说，这些具有相对竞争优势的公司都是不错的就业选择。**通过对于这三类公司的认知和筛选，我们的信息变多了，选择变宽了，竞争变小了，不需要和别人挤破头去竞争，就业压力自然也就变小了。**

> **Tips**
>
> 对职场新人来说，无论是超级平台、垂类平台型公司还是头部业务型公司，这些具有相对竞争优势的公司都是不错的就业选择。

第二部分
叩开大厂门

在明确了自己要以大厂为目标后，就请进入备考状态，把校招当作告别校园生活的最后一场大考吧。

可以先问问自己以下几个问题。

- 我有仔细阅读过大厂的JD，明确大厂的录用标准吗？
- 我知道网申系统、招聘系统的工作机制吗？
- 我的简历足够简洁、足够"有料"吗？
- 我知道"宝洁八问"和它的万能回答句式吗？

如果你对这些问题还不太确定，就仔细研读一下这份"校招考纲"吧。

校招有着较为清晰的时间脉络、相对明确且成熟的考核体系。只要提早、用心准备，就能充分挖掘出自己身上的闪光点，让自己在网申、笔试、面试的过程中展现出和公司用人要求契合的那一面，为自己赢得更多的面试机会，提高自己被录用的概率。

不求最好，但求适配，你终会找到适合自己的大厂机会。

第六章　求职不是你以为的

"居然被剩下了！"这是丁宁在临近年底时不得不面对的一个事实。

学校和专业都不错的她，在秋招（秋季招聘）的过程中却连一个Offer都没有拿到。她甚至有些担心回家过年，不知如何应对爸爸妈妈满是期许的目光。焦虑之余，她在和我沟通的过程中也表达了对自己被剩下的惊叹："明明上一届的师兄师姐，排名前30%左右的都拿到了还不错的大厂Offer。所以，在今年秋招的时候，我也没有太紧张，投递简历、参加笔试和面试之类的都觉得挺正常、挺顺利啊。可是谁承想，最后却连一个Offer都没有拿到。"

在丁宁对我感慨自己居然会被剩下的同时，我也在感慨：怎么还会有人这样认知就业市场呢？！

可是，在向我寻求就业咨询辅导的同学中，丁宁的情况并非孤例。每当我询问大家的求职预期时，听到最多的一句话就是："上一届的师兄师姐拿到了某某公司的Offer，所以我觉得自己也至少应该有一个类似的Offer。"

亲，要是这样想，你就跌进了认知陷阱：要知道，就业市场压根不是这样运转的啊！

如果我们以上一届师兄师姐的就业情况为对标对象，无疑犯了刻舟求剑的错误。不同于相对稳定的研究生考试，每年有稳定的招录名额、相仿的录取要求，就业市场是一个时刻处在动态变化中的双边供需市场。

就像在股市，你不可能按照昨天的价格来购买今天的股票。在就业市场，你同样不应该按照去年的情况来预判今年的形势。 所以，请忘掉上一届的情况吧，刻舟求剑是一种无意义的偷懒，只有认真了解当下就业市场的环境究竟是怎样的，我们才有可能做出更客观有效的判断。

作为求职者，想要理解这样一个双边供需市场，就需要理解供需双方的关系：招聘者对于岗位的招聘规模是怎样规划的，具有什么样技能的人才才是紧俏、稀缺的。

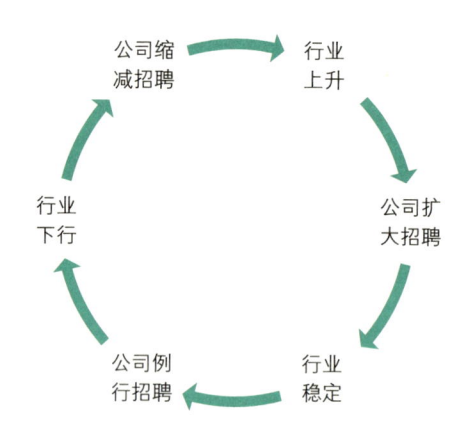

行业上升 → 公司扩大招聘 → 行业稳定 → 公司例行招聘 → 行业下行 → 公司缩减招聘 → 行业上升（循环）

招聘规模预判

<u>首先，从招聘规模的角度思考，各家公司在招多少人。</u>

如果你对高考填报志愿还有记忆，就会知道各大高校在招生时会有大小年的情况。有的年份报考的人多，分数线就会被推高；有的年份报考的人少，分数线就相对偏低。如果你在高考时选填的学校或专业，刚好是当年的热门学校或专业，就难免要面临严峻的竞争，背上

不小的压力。

就业市场同样存在大小年的情况。对于一个行业而言，随着经济形势的变化和行业的波动，行业内的总岗位需求规模在不断发生变化；而对于特定的大厂而言，随着业务发展阶段的不同，对于不同类型人才的需求情况也会发生波动。

在经济形势整体上行或部分行业处于高速发展阶段的时候，行业里的公司往往会处于一种亢奋的热情中，千帆竞逐、大干快干的气氛笼罩了行业内所有的人。于是，你会看到公司释放出了大量的招聘名额，以求多进人、快进人，这让很多应届生相对容易地拿到了Offer，底薪也相对乐观。

当然，有涨潮就会有退潮。

当浪潮退去的时候，各家公司似乎一夜间从乐观变成了悲观，被一盆冷水当头浇下，变得战战兢兢。原本的"糙快猛，大干快干上项目"瞬间就转变为"回归主业，精耕细作慢迭代"，与之对应的招聘规模往往并不会平稳下降，而是被立即"冻结"。

以K12在线教育行业为例，它就是在此时代下行业发展和招聘规模之间关系的最好注解。

2020年，K12在线教育行业在暑期烧掉了十几亿元的广告费，学员数量猛涨，相应地带来了在线辅导员、班主任岗位的激增。各家在线教育公司快速地扩展到几万人规模，在西安、武汉等大学密集的城市建立分中心，招募了大量的大学生。

而随着政策的调整，2021年年中的K12在线教育行业，一夜间从盛夏进入了寒冬，广告投放预算快速收缩，公司大面积裁员。更有很多刚刚拿到Offer的同学还没来得及入职，就被HR通知岗位被取消，公司单方面违约。

那些涨潮的年份，往往会给人更多的机会，很多同学都可以手握多份Offer进行横向比较，挑选一份更优的工作。而要是运气不好撞到了退潮的年份，我们则需要尽快从往昔故事的甜蜜和美好未来的憧憬中醒来，认清形势，不能对自己的Offer要求过多，先保底再争优。

"可是，各家公司的招聘会还都在如火如荼地进行啊。"丁宁还有些不甘心，明明每家公司的招聘者都在招聘会上给大家绘声绘色地介绍行业的发展、公司的前景，可为什么自己想拿到一个Offer却那么难。

是啊，宣讲会、招聘会仍在推进之中，各家公司"你方唱罢我登场"，让整个象牙塔都弥漫着一股热闹的、大家即将走上工作岗位的热烈氛围，每个人都清晰地听到了来自职场的嘹亮冲锋号角，就像做好了准备后随时可以出发。可是雷声这么大，雨点却小得可怜。自己明明投递出去了很多份简历，却无一例外地石沉大海、杳无音信。

这么鲜明的落差，让人开始自我怀疑：是不是自己做错了什么？为什么这么热闹的校招浪潮仿佛是别人的喧嚣，而与自己无关？请不要自我怀疑，要知道，这一切并不是你的问题。那些在你看来光鲜亮丽的招聘会，本身不过是一场热热闹闹的大秀罢了。

如果说在大年里的招聘会是公司扎扎实实要自我介绍和招聘应届生作为人才储备，那么在小年里的招聘会则更多只是公司例行的面向公众的宣发渠道罢了。

招聘会的计划和预算，早在当年年初或上一年年末就已经在公司内做好了，自然可以如期开展。只是具体到今年招不招人、招多少人就不是人力资源部门负责的了，而是取决于公司及其业务部门的决策。

以我自己经历过的2008年金融危机为例，当年各大高校内的招聘会比上一年只多不少，可是既然公司没有招聘的名额，那又何谈后续的简历筛选和面试求职呢？大家只是参与一场虚妄的狂欢罢了。

如何了解公司会开放多少招聘名额呢？

首先，可以从公开渠道收集行业的相关信息，了解行业最近的发展动态是怎样的。比如，以行业名或公司名为搜索关键词去搜索资讯，或者在虎嗅、36氪等行业媒体上查找对应的信息。通过行业内报道的多寡和大家对于公司、行业的讨论，来给自己补充信息，以建立起一个预判。

其次，可以从求职应用和各家公司自己的招聘页面里找答案，看看最近两三个月里公司释放出了多少新岗位；也可以向已经身在公司的前辈或朋友询问，看看内推渠道最近一段时间到底有没有在真的招人。我们需要关注最近两三个月的信息，因为**只有"新"且"活"的招聘JD才是真正有效的**。而那些积年累月挂在网站的招聘JD，只是没有被下线，在被动地收取简历罢了，并不能代表公司真正的招聘要求。

不同行业、不同公司的招聘周期不太一样，可能有的处于招聘小年，而有的却刚刚兴起。对求职者，尤其是相对初阶的求职者来说，如果不是真的思量清楚了，并不建议加入处于初创期或衰退期的行业。千万不要犯在行业市场寒冬跳槽到相应公司这样的错误。

人才需求分析

其次，从人才供给和稀缺度的角度思考，名家公司在招什么样的人。

"江山代有才人出，各领风骚数百年。"在不同的时间窗口下，市场的需求和人才的供给间会存在此消彼长的关系。基于我对职业教育和招聘行业的观察来看，**招聘端的需求是刚性且不可激发的。只有先有了岗位需求，才会逐步产生人才密度**。在岗位刚刚诞生，人才还没来得及匹配的时候，就会出现人才供给的短缺，从而形成红利期。如果你恰好并不排斥这些岗位，且愿意学习岗位所需要的知识和技能，就能够相应地享受到因技能稀缺、人才供给匮乏而带来的收入红利和成长红利。

遥想当年，在移动互联网刚刚普及的时候，客户端研发人才稀缺。在特定的时代背景下，即便你没有计算机相关专业的背景，但只要你愿意转行学习客户端研发，就可以借助人才稀缺的时间红利拿到不错的Offer，得到快速的成长。而到了今天，在移动互联网人才供给相对饱和，各种研发技术已经非常普及的情况下，如果你没有计算机相关专业的背景，那恐怕根本没有机会成为客户端研发人员。而与之相伴的是，客户端研发职业培训这一职业培训品类的衰减和消亡。

时代的浪潮永远在前进，新的机会永远在产生。在2016年，因为个性化推荐技术大行其道，各家公司对于算法类人才的需求快速膨胀，常常出现应届生就能拿到三四十万元薪酬的情况；而到了2020年，视频媒介的快速覆盖又让很多公司开始关注短视频、小视频和直播相关业务，此时只有了解内容制作和传播规律、有相关工作经验的候选人才更容易获得工作机会。

只要洞悉当下热门的赛道和技术，结合自己的兴趣点进行定向学习，就能提升自己的稀缺度和就业竞争力。

丁宁本身对于市场传媒类的工作岗位感兴趣。她在搜索了大量市场传媒类的工作岗位后发现：在当下，招聘市场传媒类工作岗位的主要是最近一两年兴起的新消费类公司。而它们的工作要求无一例外地集中在"品效合一、内容获客"的角度，即通过小红书、抖音、快手等内容平台来构建品牌美誉度，从而带来更多的用户、更大的消费规模。丁宁突然意识到，自己业余时间在小红书上的美妆内容分享和粉丝的积累，居然成为无心插柳的优势所在，很可能成为提升自己就业竞争力的发力点。

求职应对思路

最后，思考面对当下的就业形势我们应该如何做。

分析就业市场的招聘规模（在招多少人），了解自己感兴趣的职业方向中的主要招聘者和招聘要求（在招什么样的人），都是为了让我们在择业之前，构建起相对完整和客观的信息架构。在此基础上，才能更好地剥离自己的主观情绪，以抽离的视角去评估自己在当下供需环境下的市场价值：既不盲目乐观，觉得师兄师姐大多去了大厂，自己选择工作就犹如囊中取物；也不自怨自艾，觉得自己似乎在这次的就业季里只会无所收获。

以更客观的角度看待市场的需求和自己能够提供的价值，自然能够得到"提升人岗匹配度"的结论： 通过提升自己能力和热门岗位要求的匹配度，让自己成为公司急需的人才，从而更好地提升自己的市场价值。

如果你身上的技能标签、经历标签恰好符合当下的市场供需热点，那么恭喜你，你一定能够得到相对多的工作机会和还算不错的工作报酬；如果你发现自己和在招的主流岗位的要求间存在差距，也不需要担心，可以更多地思考如何在一段时间内完成突击，去弥补一些短板。大家都有考前突击、临时抱佛脚的经验，把找工作当作一场考试能让我们更好地针对岗位的要求进行准备。

丁宁面临的问题也是一样的。时间有限，想要面面俱到，搞懂所有渠道显然是不可能的。对她来说，小红书是自己更熟悉的App，只是过往的使用更像玩票而非经营。为了拿到市场传媒类的工作岗位，她从小红书着手，研究自己平时关注的博主每天在分享什么内容，如何让同样的美妆体验看起来更加"高大上"而又吸引人。从使用者的视角转换到运营者的视角，丁宁也打开了一扇大门：没想到平时司空见惯的小红书日志，从配图、文字到发布时间，处处都有门道。结合网上收集的相关资料，笔记记了一整本，自己也开始更频繁地发布日志，管理自己的账号，从而获得更真切的运营体验。"结果当然很重要，但过程也很有趣。转换到运营者的视角，也让自己有了很多新的收获。"丁宁在和面试官沟通中，谈到自己这段"突击学习"的经历时，这样说道。

是否能够拿到当下这个工作机会，对丁宁来说似乎已经没有那么重要了。她就像找到了灯塔的船只，更加清楚自己后续的职业方向和能力储备方向。知道目标在哪里后，穿过迷雾拿到一份Offer，对不再焦虑的她来说，更像一个必然的结果。

☞ Tips

就业市场是一个时刻处在动态变化中的双边供需市场。

通过公开的行业信息和近期的招聘信息来了解行业及公司的招聘要求。

广泛分析招聘JD，能够让我们了解特定岗位在招什么样的人。

定向学习、提升人岗匹配度，能够帮助我们提升就业竞争力。

第七章　大厂想要怎样的人

在明确了就业市场的本质是一个双边供需市场之后，我们可以更清醒地理解这个市场的运作规律：在市场的一端，招聘者是相对理性的决策者，会以不同的待遇招募符合不同条件的候选人；而在市场的另一端，求职者更接近一款待价而沽的产品，可以基于自身条件的稀缺度来兑现不同的收入礼包。

对于职场新人而言，其在这样一个双边供需市场上的议价权相对来说是比较弱的。我们也常常会提出这样的问题：大厂是否只要名校生？大厂究竟想要怎样的人？我们如何成为这样的人？

只有回答出这些问题，洞悉大厂的招聘要求，才能让自己在求职竞争中取得相对的优势。

破除偏见，大厂只要名校生吗

提及大厂想要怎样的人，孔迪总是一脸丧气："想要怎样的人？反正不是我们这样的人。"边说着，还念叨出了押韵的感觉："天对地，雨对风，大厂岗对名校生。"

孔迪来自山东，当之无愧的高考"内卷"大省。从进了高中起，他就将全部的心力用在考上一所好的大学上。可是，偏偏运气差了那么一点点，高考前夜在家吹了空调，发着烧就进了考场。结果，第一门语文考砸了，离重点线就差两分，只能进普通大学学了英语专业。

每次，看到高中同学群里，这个进了大厂实习，那个进了大厂实习，孔迪只好"潜水"，只是一遍遍地刷着大厂实习的招聘JD，投递出自己的简历，然后默默等待消息。随着简历的石沉大海，他感觉到自己的心气也一点点地沉了下去。

"不行就考个重点大学的研究生吧。"室友们都劝他。可他嘴里应承下来了，却忍不住心生恐惧，总觉得再碰到考试，就会重蹈"败走麦城"的结局。于是，他又下意识地打开了招聘网页，按下了投递按钮。

大厂偏好名校生吗？当然是！

考上了名校，自然会在接下来的求职过程中取得优势：我们在每一阶段中的努力和积累，都会在下一阶段中得到兑现。回溯历年的校招过程，Offer拿到手软的大概率是"名校+好专业+有实习经验"的候选人，在网络上分享各种面试攻略的"面霸"也往往出身名校。

为什么大厂会偏好名校生？想象一下，如果你是大厂的面试官，在校招季里你每天会被成百上千份简历淹没，忙到焦头烂额。想要提高工作效率、更快挑选出可能的候选人，你会怎么做？大概率也逃不过基于标签对简历进行排序的方式，尽可能找到并处理那些匹配概率更高的简历。对校招场景来说，名校自然是一个好用的、有区分度的标签。在今天，基于学校对简历进行筛选早已不需要HR手动操作了，各类人力资源系统、招聘系统都已经具备成熟的功能，能够帮助HR完成标签的抽取和排序。

但是，如果仅基于此就武断地得出"大厂只要名校生"的结论，甚至自怨自艾，恐怕就有些过于偏颇了。名校固然是优势标签，但也只是帮助大厂的HR和面试官降低工作量的筛选标签之一罢了，大厂需要的还是合适的候选人。

大厂只要名校生吗？当然不是！

公司在招募的过程中，关注的是全方位的契合度：名校背景、名企实习、热门技能等都是可以用于筛选出契合简历的维度。名校仅是其中的一个标签而已。对没能进入名校、失了先手的同学来说，尽量提早准备，给自己贴上如名企实习、热门技能等标签就显得尤为重要和务实。

从公司实习的角度，我们可以研究目标大厂在哪个行业，从该行业或垂直领域出发，以田忌赛马的策略挑选出一批在这个领域竞争不那么激烈的公司，先入行再跳槽。也就是先通过小厂的实习积累经验，再一步步跳槽到大厂实习，从而让自己的实习经历呈现螺旋式的上升，一步步拥有更好的标签。

从技能积累的角度，我们同样可以研究目标大厂关注什么样的技能，更早地通过线上或线下学习、小项目练手等方式习得技能，让自己的简历里有东西可写，而不至于是一个只有学业成绩、而无特定技能的"小白"。

在职业培训的过程中，我经常和大家分享潇潇的求职故事。作为一个普通大学出身的同学，她在大三下学期的时候就已经开始准备自己的实习进阶之路了。首先，通过学习数据分析的相关技能，她拿到了一家互联网小厂的运营实习机会。然后，在大三的暑假里，她又基于自己的运营实习经历，拿到了小红书的用户运营暑期实习机会。最后，有前两段经历背书，她在大四上学期跳槽到了美团做实习产品经理，并顺利地留在了团队中。当我们去看她的求职经历时不难发现，这就是一个从技能积累出发拿下小厂实习机会，到跳槽大厂实习，再到从做运营转做产品的全过程。在她的简历里，学校并不是什么值得夸耀的背景，但她真正能够吸引面试官的，是她不断给自己贴上的技能标签、实习标签。面试官通过预判这些标签来确定潇潇更适合自己的岗位，从而愿意给她机会。

当我们代入大厂面试官的角色去思考一个组织愿意接纳什么样的新成员时，不难发现：<u>组织追求的并不是绝对意义上的优秀，而是相对意义上的契合</u>。与其招一尊高高在上、难以合作的"大神"，不如招一个"来之能育、育之能战、战之能胜"的候选人。所以，整个招聘过程的核心落点在于"合适"，大厂并不会片面地只要名校生，而是会接纳符合自身招聘要求的候选人。

所以，挖掘出目标大厂在招什么样的人，依赖怎样的标签去筛选候选人，我们就能破解大厂的招聘密码，帮自己赢得更高的求职成功率。

读懂JD，了解大厂想要怎样的人

大厂想要怎样的人？不用靠猜，也不需要以讹传讹，只要我们细读各家公司的JD，就能从中获悉一二。千万不要像孔迪那样，一看到"招聘应届生"的字眼，就按下投递按钮去碰运气。求职又不是抢票，投递得快并不代表被录用的概率高；求职也不是扫货，投递得多也不见得能收获心仪的机会。

第二部分 叩开大厂门

求职是一项双相匹配、双向选择的技术活,是可以通过科学、系统化的准备提升成功概率的。 而在这个系统化的过程中,重要的一步就在于:读懂JD。

让我们来看这样一份JD。

工作描述

- 负责健康商城分销相关的产品策划及服务建设,并将其转化成可落地的产品模式,输出产品原型及需求说明。
- 负责从产品方案设计到内部资源协调,积极推动重大项目落地;有创新意识和用户敏感度,积极寻找突破点。
- 深度分析用户需求,与产品技术相配合,优化用户体验。
- 洞察行业内的健康服务机会与用户诉求,在保障服务质量的同时扩展服务品类。
- 承担商业化目标,以用户体验及转化结果为导向不断优化现有的产品功能,提升用户体验和服务转化率。

任职要求

- 本科及以上学历,有分销相关行业的工作经验,有从0到1构建一款产品的经验。
- 熟悉消费医疗行业、健康商城服务,有相关项目经验者优先;逻辑思维能力强,有互联网大厂背景者优先。
- 具备良好的沟通能力、协作能力、责任心强,能够与各合作方保持良好的关系,并有效协调资源,推动产品落地。

通常，每份JD都可以被结构化成"工作描述"和"任职要求"两部分。"工作描述"是给求职者看的，通常在讲这个岗位在做什么样的事情，即"入职后干什么"；"任职要求"则主要描述了招聘者的需求，即"偏好怎样的求职者"。

仔细阅读"工作描述"，主要是为了了解工作内容。在互联网行业日趋劳动密集型的今天，很多公司为了好招人，会包装出一个好的岗位名称，策略、增长、管培生之类的词汇更是被频繁使用。但当我们细读工作内容时就会发现，其中不乏一些挂羊头卖狗肉的岗位，以增长之名做销售，以策略之名做审核等。通常，初阶岗位的JD在"工作描述"的部分会相对模糊，涉及的更多是基础的事务性工作，如"分析用户需求，与产品技术相配合，优化用户体验"等。随着职级的进阶，其中方向性和业务性的信息会变得更多，如"负责健康商城分销相关的产品策划及服务建设""承担商业化目标"等。

完整拆解"任职要求"，则是为了梳理工作岗位的角色要求，以便更好地进行对标。我们应快速忽略掉那些"放之四海而皆准"的主观要求，如"具备良好的沟通能力、协作能力，责任心强"等。这些软实力并非不重要，而是没有太好的方式在简历环节体现，更多要留待面试的过程中考察。一家公司首先会考虑候选人的硬技能，只有在硬技能达标的情况下，才会进一步评估你的软实力。

所以，我们可以聚焦那些能够被量化的技能要求、能够被衡量的经验要求。

- 技能要求是指"能做"，如数据分析能力、原型构建能力等，常见于初阶岗位的要求。比如，"掌握数据分析能力，会使用

SQL（结构化查询语言）、Hive（数据仓库分析系统），熟练使用视频剪辑软件"等。
- 经验要求是指"做过"。我们很多能力的习得和积累都是经验式的，所以招聘者会要求候选人拥有对应行业的工作经验或项目经验，从而更好地对候选人进行判断。比如，"有分销相关行业的工作经验""熟悉消费医疗行业、健康商城服务，有相关项目经验者优先"等。

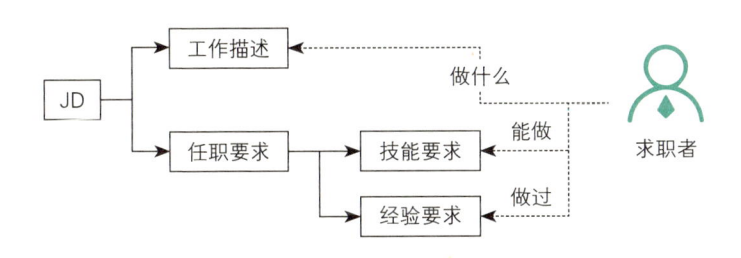

```
              ┌── 工作描述 ◄────── 做什么
        JD ──┤                                  求职者
              └── 任职要求 ──┬── 技能要求 ◄── 能做
                              └── 经验要求 ◄── 做过
```

招聘是一个双向匹配的过程，大厂的简历筛选系统就是一个基于关键技能、经验词的匹配系统。只要明确了岗位要求，就明确了大厂的招聘密码。只有给自己贴上对应的标签，才能让自己的简历顺利地通过筛选，如愿进入后续的环节。

定向学习，寻找"最大公约数"

拆解一份JD可以了解一家公司的特定岗位要求。但是，在求职的过程中，没有人会在一棵树上"吊死"，也不太可能只投递一家公司。那么，该如何在有限的时间里尽可能高效地定向准备，让自己能够适配某类岗位呢？这就需要研究这类岗位在市场上关于岗位要求的"最大公约数"是什么。

按照上述方法拆解一系列的JD，有助于我们快速建立起对于特定行业内某类岗位的认知，从而明确市场对于这类岗位的通用要求到底是什么。

由于各家公司的校招节奏不一，我们可能不会那么便捷、快速地收集到各家心仪公司的岗位要求。为了方便起见，我们可以通过查找对应公司与对应岗位的实习岗、1～3年经验的社招岗，来预估校招岗的要求，从中抽离出岗位要求的"最大公约数"。

例如，如果你想投递一个用户运营类的岗位，就可以以"用户运营＋公司名"为关键词，在招聘网站上梳理出目标公司的相关岗位。再将它们的岗位要求整理出来，按照技能出现的频率进行倒排，这样就能够非常清晰地看到这些公司共同关注哪些技能和经验点。

在过往职业培训的经历里，我们一共获取了1900份初阶用户运营类岗位的JD，发现其中高频出现的能力有：数据分析能力、用户理解能力、流程抽象能力和内容运营能力。定向学习可以让我们成为拥有这些能力标签的人。

在就业辅导的过程中，很多同学会说："我需要通过实习来获得这样的能力。但我现在没有这样的能力就拿不到实习机会，这岂不是陷入先有鸡还是先有蛋的问题循环了？"

想要打破循环，可以从技能学习和经验积累两个角度来切入。

技能部分，是可以通过自学初步掌握的。例如，数据分析能力可以通过软件的学习（如SQL、Hive）、模拟项目的练习来完成基础的积累；流程抽象能力可以通过UML（统一建模语言）、流程图的学习来完成基础的掌握。虽然软件学习、项目练习和实战之间还是有差距的，但是这个过程本身也有磨砺和锻炼的空间。

经验部分，如果时间紧张来不及实习，或者当下找不到实习机会，就可以尽可能将其弱化为校内的项目、自己业余时间就可以参与的项目，从而将技能尽早落地，形成真实的经验，而不是从网上看来的纸上谈兵的方法论。在实践的过程中，我们并不一定要追求多么大的产出，而是要切实地积累真实的体验和一手的经验，从而接近自己的目标。

大厂想要怎样的人？人岗匹配的候选人。

大厂如何筛选这样的人？通过学校、技能、经验等标签来筛选候选人。

如果你想成为大厂所需要的人，就请现在打开招聘网站，开始统计和分析一下目标岗位共性的硬要求到底是什么吧。定向学习技能、积累经验，给自己贴上标签，只有这样才能事半功倍，赢在起跑线！

☞ Tips

名校的标签只是帮助大厂降低了筛选成本，但大厂更加青睐合适的人而不是最好的人。

通过分析各个大厂要求的"最大公约数"，定向学习技能、积累经验，就能让我们的求职过程事半功倍。

第八章　校招步骤一、二、三

校招是应届生求职的第一战场。如果你已经进入大三阶段，就可以关注一下校招的整体节奏了。不要以为校招是升入大四之后才需要关心的问题，你应该以毕业前一年半的时间维度来准备校招，在大三的第二个学期就可以行动起来了。

考研还是工作

因为最近几年的就业形势越来越严峻，很多同学会在考研和工作之间纠结，觉得是不是应该先去考研，而不是冒冒失失地闯入就业市场，或者可以读两年书看看，再考虑工作的事情。

如果你也正在考研和工作之间纠结，这里可以给你提供一个可供参考的决策思路。

首先，你是否真的喜欢学术？如果是真的喜欢学术，就去读研或读博，让自己的学术专业能力进一步精进。毕竟，大学时期是你能够心无旁骛、认真读书的最后一段时间了。虽然说人要永远保持学习的状态，但是走上工作岗位之后，你会被各种烦琐的事情干扰，往往就没有那么容易集中精力努力学习了。

接下来，如果你对于学术并没有一个"一定要读"的预期，那么你可以换一个思路来权衡考研和工作的选择：无论是三年后研究生毕业，还是当下就毕业，你都会面临就业的问题。那不妨以终为始，从哪个选择更有利于你的就业和职业发展为出发点进行评估。

考研是否能够显著提升你在三年后的就业竞争力？如果可以，那么考研的选项加分。

很多同学的学校或专业有提升的空间，就会通过考研来进入一所更好的学校或选择更好的专业，从而提升自己的就业竞争力。比如，因为近些年计算机专业的就业形势大好，很多工科的同学会选择计算机作为自己的研究生专业。在某个工科院校的一次线下讲座里，当我问到同学们考研转专业的选择时，会场里有一半的同学选择了计算机相关专业，可见就业导向的影响力之大。

除了自身的就业能力，你还可以看看当下是否是就业的小年。如果是，那么考研的选项加分。

就业市场是一个波动的双边供需市场，如果在就业形势相对较差且你觉得自己没有足够就业竞争力的时候，那么将考研作为一个过渡周期也是一个尚可的选项。在读研的阶段，给自己提供一个更长、更充分的就业准备期。

如果考研并不能显著提升你的就业竞争力，抑或是当下的就业形势还可以，那么建议你首先关注就业市场。尤其是很多同学报考的研究生学校和专业并没有很好，那么这种读研的选择不过是延缓问题，而不是解决问题。伸头一刀、缩头一刀，既然总是要面对就业竞争的压力，就请不要把难题塞进时间信封，遗留给未来的自己了。援引极光调研的数据，在2021年有38.5%的同学选择直接进入职场，其中也会有你吗？

把自己视作产品： 互联网大厂求职、进阶之道

2021年高校应届生职业规划

类别	比例
继承家业	12.8%
创业	15.4%
考公务员	25.6%
进入职场	38.5%
升学考研	17.9%

注：以上选项可多选，因此得出的数据相加超过100%。

尽早准备校招

尽早准备校招的原因在于，近年来校招市场出现供需关系的变化：应届生的规模在最近几年接连攀升，但是与之相对应的公司岗位数并没有增加。僧多粥少，供需紧张，使校招的就业竞争压力变得越来越大。

2021年7月15日，国家统计局发布的数据显示，毕业季进入就业市场的高校毕业生不断增多，就业压力明显增加，带动了青年失业率明显上升。2021年6月，16～24岁的城镇青年失业率为15.4%，比2021年7月上升了1.6个百分点。其中，20～24岁大专及以上人员的失业率还要更高。

2021年12月28日，教育部新闻发布会介绍，2022届高校毕业生规模预计1076万人，同比增加167万人，规模和增量均创历史新高。此

外，受国际新冠肺炎疫情影响，回国就业的留学生不断增加，就业形势进一步严峻。

高校毕业情况

年份	高校毕业生人数（万人）	增幅
2018年	820	—
2019年	834	~2%
2020年	874	~5%
2021年	909	~4%
2022年e	1076	~19%

面对激烈的竞争环境，为了不让自己"一毕业就失业"，我们自然要更早准备，在明确了要找工作之后，就应该开始更积极主动地储备技能和准备实习。援引字节跳动2020年秋招数据报告，有来自全球6000多所高校的15万名应届生，对于今日头条的3000多个岗位进行了投递。对于想要参与竞争、进入大厂的同学而言，就更应该保持敏感度与主动性。

除供需关系变化外，我们需要足够重视校招的另一个原因在于：现在的自己拥有"应届生身份"这张护身符。相比社招（社会招聘），以应届生的身份参与校招是进入大厂门槛较低的方式。一旦失去了应届生的身份，从校招变成了社招，就立刻从简单模式变成困难模式。

基于国家规定，高校毕业生在离校时和在为期两年的择业期内未落实工作单位的，其户口、档案等都可以保留在原毕业学校，也可以被当作应届生来对待。所以，如果你要报考公务员或行政单位，在择业期内，你都相当于是应届生，可以报考那些招录应届生的岗位（特殊规定除外）。

但是，不同于公务员和行政单位的招录，绝大多数公司在招聘过程中，倾向的还是当年或次年毕业的同学，而不是已经毕业多年的同学。所以，如果你打算进入公司工作，就不能像准备公考（公务员考试）那样，因为没有两年的时间留给你。

对于留学生而言，应届生身份这个问题可能更复杂。由于和国内学生的毕业时间不同，很多留学生的毕业时间和国内公司的校招时间存在差别。所以，留学生需要更早地明确国内公司的招录时间，通过适配这一时间来安排自己的远程实习节奏。

校招三步曲

校招的整体节奏分为三部分：提前批、秋招和春招（春季招聘）。

越早开始准备，有能力的话参加更早的批次，就能够给自己制造更多的机会，从而提升校招成功的概率，尽早锁定Offer。

提前批 6—8月 ⇒ 秋招 8—10月 ⇒ 春招 2—4月

提前批

如果你本身学校比较好或专业比较有竞争力，那么首先需要关注的就是每年校招的提前批了。

提前批，是各大公司对于"优秀毕业生"的定向招录活动。公司希望通过更早开启一些岗位的招录来争取到优秀毕业生的加入。关于提前批，比较省心省力的点在于所有岗位都无须笔试的筛选，可以直接进入面试环节。此外，在提前批里也非常容易产出高薪酬的岗位录用。设想一下，如果你在暑期的提前批里就已经锁定胜局，接下来就可以踏踏实实地度过整个新学年了。

就业市场处于一个动态的供需关系中，优秀毕业生本身就是一种稀缺的资源。所以，提前批不仅是同学之间的竞争，也是各大公司之间的竞争。 随着各大公司对于校招生"拔尖"行动的竞争越来越激烈，提前批的时间也一再提前，从往年的8月一路提前到了7月甚至6月下旬。以字节跳动为例，其2021年的校招提前批整体内推时间设定为7月8日—8月1日。

由于提前批的时间安排只取决于公司当年的安排，并没有行业内统一的节奏，所以如果你想要参加提前批，建议较早对目标公司的校招网站或招聘公众号保持关注。

在岗位设置上，提前批开放的并不是秋招中的全部岗位，很多公司只会开放与技术相关的、有明确专业准入门槛的岗位。而一些没有严格专业限制的岗位，会留待正式的秋招过程再开放。同样以字节跳动2021年的提前批为例，其招录的80%以上的岗位都是技术类的岗位。

那么，提前批要不要试一试呢？

很多公司在宣传中，都会表达"提前批投递结果不影响秋招，相当于多一次投递机会"的含义。也正是因为这种表达方式，所以很多同学会抱着不参加白不参加的心态，报名参加提前批试一试。

对此，我个人建议对这种尝试的心态保持审慎。如果参加提前批，则需要对自己的状态有比较明确的认知：只有觉得自己准备完善，具有相对竞争力之后，才能参与角逐。

这是因为各大公司都有相对完善的内部记录系统，你的每次表现都会被记录在案。尽管很多公司宣传提前批不通过不会影响正式的秋招，但这毕竟只是公司的指导政策，你不知道面试官是否会在意你过往在提前批里的表现。要知道，你的秋招面试官是能看得到上一个面试官对你所做的评价的，一份先入为主的信息，很可能影响到你后续的面试结果。

所以，与其说提前批是给所有准备秋招的同学一次额外的机会，不如说秋招是给所有准备提前批的同学一次额外的机会。

在有基础实力的前提下，尽早关注提前批的信息，准备好了再去竞争，这是对于想要参加提前批的同学最中肯的建议。

秋招

秋招是每年各大公司校招的重头戏，一般会从 8 月下旬启动，到 10 月中下旬结束。

在秋招的过程中，各大公司都会通过线上、线下、联合第三方招聘服务商等方式开启面向学生的校招。你需要了解的是：很多大厂校招的初筛过程（网申、笔试）是外包给第三方招聘服务商代为执行的。不过，也正是因为这种外包的方式，所以很多校招初筛都是有方法可依、有套路可循的。

从环节上说，校招的过程分为以下几步。

- 宣讲：线上或线下的宣讲环节，主要介绍公司的基础情况。

- 网申：基础信息完善与简历投递筛选环节，偶尔也会包括性格测试的评估。
- 笔试：线上或线下的笔试环节，主要考量技术方向的专业能力。
- 面试：分为群面和单面，除关注技术方向的专业能力外，还会关注通用方向的软实力。

宣讲　网申　笔试　面试

在上述环节中，除面试中的单面外，各个环节都相对标准化，有迹可循、有法可依。只要做好扎实的准备就能过好每一关，帮助自己更大概率地收获校招Offer。对于网申、笔试和面试环节，我会在后续的内容里进行拆解。但要先强调秋招过程中的一个原则：不错过、多尝试。

听起来"不错过"这个建议有点不值一提，但事实上，每年的秋招我都听到非常多的同学反馈，如错过了特定的宣讲会、错过了特定的招录时间。要知道，公司在招聘的时候，可不会拿着大喇叭到你的宿舍来通知你，你需要主动关注信息。

为了避免遗漏信息，可以遵循如下步骤。

（1）梳理信息源：罗列自己关注的公司自家的招聘网站和招聘公众号，各个公司自家的招聘信息会第一时间发布在上面；此外，选择关注一到两个面向校招的网站，持续关注其上的信息发布动态。

（2）定期关注信息：给自己设定一个循环的日历，每周一、周四固定用一个下午的时间来梳理一遍自己关注的信息源。之所以选定下午的时段，是因为各大网站也得在员工上班后才会更新，通常更新时间是上午10点以后，看得太早也不大会得到什么增量的信息。

（3）积极参加宣讲会：在筛选出自己心仪的公司后，有时间一定要去听听宣讲会。你可以借由宣讲会更好地了解目标公司今年的招聘重点，也可以将一些问题更前置并和校园招聘官进行沟通。

围绕宣讲会的部分，如果你的学校在区域内排名比较靠前，那么毋庸置疑，你的学校会成为公司开展宣讲会的地点；如果碰巧你的学校没有对应的公司宣讲，那么蹭宣讲会就成了一个必然的选项。要善用搜索引擎，看下去年这些公司的宣讲会在你的城市里哪个学校举办，就可以预估今年的情况。与此同时，新冠肺炎疫情推进了线上化的进程，各大公司纷纷尝试举办线上的宣讲会，大家也能更方便地参与其中。

对于公司而言，每年的宣讲会是一个面向潜在员工和真实用户展示自己的好机会。所以，很多公司的宣讲会不光讲招聘，还会浓墨重彩地讲公司的使命和进展，宣传公司的社会价值和企业文化。对于刚接触职场的同学而言，就需要在宣讲会里明确重点、听出门道。公司的办公环境、团建活动和文化价值观听起来固然"带感"，可我们毕竟是来找工作的，不要只顾凑热闹：听一听很激动，想一想很感动，可是第二天一觉醒来，却不知道自己该做什么，只好一动不动。

那么，我们要在宣讲会里听出怎样的门道呢？

首先，核心是要明确公司的招聘节奏和招聘规模：今年招多少人、怎么招人、主要在哪个城市工作。其次，明确公司招聘的重点部门和后续的发展方向：今年主要招的是哪个部门、哪个岗位的人。

以2020年为例，因为教育业务的快速扩展，所以很多公司在校招期间大量招聘了社群服务方向的运营岗位。这些岗位主要基于微信社群的方式为学生和家长服务，为转化率和续费率负责。但是，这样大面积招录的社群运营岗位并不常驻在北京，而是常驻在西安、武汉这样的城市。很多同学没有听清楚常驻城市，冲着公司总部在北京就投递了简历，等拿到 Offer 的时候才大呼上当。

所以，在投递之前，务必了解清楚这个岗位未来的安排和规划究竟是怎样的，是否符合自己的求职和发展预期，只有这样才能更有目的地决定投递与否。

保证不错过，下一步就要尽量多尝试。

多尝试是指将自己的目标候选集设定为一个相对更大的范围，不要在一棵树上"吊死"。

很多同学在面对秋招时，往往斗志昂扬，大有咬定青山不放松、不应聘到特定公司不罢休的架势。这场景和当年高考的时候颇有几分相似。但是，招聘并不是一个唯分数论的场景，也没有一考定终身的说法。我们和不同的公司、不同的部门、不同的面试官之间，更多依靠面试表现和双向选择来确定 Offer，这样也就存在相当大的不确定性。很多时候并不是你有什么问题，而仅是双向的气场不协调就可能导致结果的偏差。在这种情况下，只咬定一家公司不见得是一个全局最优的选择。这也是前文说的我们要通过 Quest Mobile 数据、行研数据来找到综合平台型公司、垂类平台型公司和头部业务型公司的原因。只有将自己的目标范围定得宽泛一些，才可以给自己带来更多的可能。

多尝试也指在有机会的情况下多参加笔试和面试积累经验，从而提升胜率。

除放宽目标公司的范围外，在时间允许的情况下，可以多投递一些公司，更早地体会笔试、面试的流程。各家公司笔试、面试的流程或许大同小异，真正能够让我们有所收益的，不是那些曾经在面试中出现的问题，而是切实参与面试环节时自己的体验和体会。感受一下在标准问题之外面试官对于自己的层层追问，进而站在他的角度思考他为什么会追问这样的问题。

通常，我们投递简历和面试的节奏是按照从小公司到大公司，从非目标公司到目标公司的顺序进行的。这能使我们在面试的过程中充分练兵、收获体验，不断基于面试官的反馈来校验自己的行为，从而更从容地面对下一次面试。

春招

也许你听过"金三银四"的说法，每年的春招也是各大公司全年的招聘重点。但是，不同于社招的红红火火，校招的春招是一场比秋招更难打的仗：开启时间更早、招聘规模更小、竞争更激烈。

在开启时间上，通常在每年农历新年后，在各大公司开始复工时，春招就开启了。以2022年字节跳动的春招时间安排为例，投递简历和内推时间从2月17日（农历正月十五之后）就开始了，而第一批Offer在2月下旬就已经发放了。

在招聘规模上，每年2—4月的春招是对于去年秋招的一个补录。通常情况下，参与春招的公司数量和提供的岗位数量都会比秋招要少得多。所以，在春招的过程中，需要进一步扩大你的候选半径，并且关注哪些公司会进行春招的补录。

在竞争强度上，虽然机会少了，但是春招的参与同学一点都没少，除在秋招中没有拿到Offer的同学外，考研失利的同学、公考失利的同学也会加入春招的队伍中来。大家都本着背水一战的决心参与进来，竞争强度自然进一步加大。

如果说在秋招的过程中，大家还有很多挑肥拣瘦的机会，如放弃了有些公司的面试邀约、可以在几个Offer之中比较等，那么在春招的过程中，我更多建议落袋为安，先保证自己拿到Offer再进行挑选。毕竟，错过春招之后，就换到社招的战场，参与竞争的人就更多了。

需要额外提出的是，在春招的过程中，如果碰到面试时间冲突的问题，是可以主动和HR沟通及协调的，不要默默地单方面做了取舍。找一个自己和HR都能够接受的理由，调整其中一场面试的时间，从而不放弃每个可能的机会。

从暑假开始准备提前批，从提前批到秋招，从秋招到春招，再从春招到毕业，校招的过程让我们从一个夏天走到了另一个夏天：尽早准备吧，越早拿到Offer，就能越早放下压力，享受工作前在校园里最后一段安逸的时光。

Tips

站在未来回看当下，如果考研能够显著提升你在三年后的就业竞争力，那你应该选择继续读书。

在有基础实力的前提下，尽早关注提前批的信息，准备好了再去竞争。

不放过任何收集信息的机会，不放过任何笔试和面试的机会，越早拿到Offer，就越早达成目标。

第九章 内推到底多有用

内推的意义

在产品服务领域，有一个词叫作净推荐值（Net Promoter Score，NPS），即你有多大意愿将一款产品推荐给你的朋友。当我们将这个概念迁移到招聘场景的时候，也可以对员工提出这样一个问题：你有多大意愿将你所在的公司推荐给你的朋友，邀请他来加入呢？

邀请朋友加入自己所在的公司，这便是内推。在内推的场景下，员工起到了双向背书的作用：一方面，向朋友推介自己所在的公司值得加入；另一方面，向公司承诺自己的朋友足够称职，可以让朋友跳过笔试环节直接参加面试。

内推之所以被大厂所普遍采用，原因在于其本质上是用熟人背书的方式降低了信任门槛与决策成本，从而提升了招聘的效率。所谓"物以类聚，人以群分"，一位靠谱员工的朋友大概率也是靠谱的。站在招聘者的角度来看，不同于普通社招需要面对一个个完全陌生的候选人，当面试一个内推的候选人时，可以参考已有员工的判断，从而提升对对方判断的准确性和面试效率。

援引第一财经的数据：公司通过内推招聘已经成为一种趋势。以网易为例，其内推人才的Offer占比为40%左右，而在阿里巴巴，这个比例是49%，百度和腾讯的内推比例则超过50%。内推在大厂招聘中所起到的作用可见一斑。

对小规模的社招场景来说，内推是一个相对有筛选效率的方式，可以帮助求职者顺利跳过简历筛选和基础笔试环节；但是，当面对大规模的校招场景时，内推的意味多多少少发生了变化。随着各大厂的校招比拼越来越激烈、校招节奏越来越提前，"内推码"逐渐兴起。"内推码"与其说是一种员工背书、高效招聘的手段，不如说成了一种吸引投递量、高效运营与引流的手段。

如何善用校招内推

在校招的过程中，简历的批量筛选、笔试过程的标准化和在线化、面试过程的AI接入和半标准化都极大地降低了HR的工作复杂度。对于他们而言，校招季最大的问题并不是如何进一步优化已经高度标准化的筛选环节，而是如何尽可能地加大宣传力度，扩大覆盖面，吸引更多优秀的同学来投递。

所以，每到校招季，HR就会通过各种各样的方式来加大宣传力度，其中"内推码流出"就成了一个颇为不错的噱头，让更多的同学能够关注到自家公司，投递简历。这也是当校招季来临时，你可以在各种各样的网站、微信公众号渠道看到所谓流出的大厂"内推码"的原因。虽然你使用了这样的"内推码"，可是到头来简历投递、笔试、面试等环节却一个都没有少。正所谓"物以稀为贵"，如果"内推码"已经"刷屏"了，稍微想想也就知道已经成为"大路货"的"内推码"并不会起到什么用处。

既然泛滥的"内推码"已经成为各大厂引流的手段，那么<u>该如何做才能拥有更有效的内推呢？我们还是需要回到内推的本质上：由可信赖的员工推荐自己的朋友</u>。

我们可以通过校园BBS和微信群，寻找那些已经在大厂工作或实习的师兄师姐，拜托他们通过公司内部的系统来提交自己的简历，或者直接将我们的简历通过公司内部即时通信（Instant Message，IM）工具同步给负责招聘的团队负责人，从而达到"真内推、免初筛"的效果。

不同于校招网站上很多岗位是通用且没有方向的，公司内网对于招聘岗位的角色、方向性和组织结构会有更细致的描述。我们可以让公司里的师兄师姐帮助我们了解更丰富的信息。除狭义上的校招岗外，那些对于经验没有强要求的初阶社招岗，同样是我们通过内推进行投递的目标。通过这种方式能够进一步扩大我们的投递范围。

当然，无论是校招渠道的"营销型内推"，还是通过师兄师姐在内网提交简历的"真内推"，内推的作用就像在比赛中获得了一张外卡，让我们有机会免除一些基础的筛选和选拔，直通复赛。但想要最终过五关斩六将进入大厂，高水平比赛还是一场都少不了。我们依然需要认真、有针对性地准备面试，才不枉费朋友帮自己得来的内推机会。

求职如赛场，内推速通道，如何能登顶，本领见真章！

☞ **Tips**

内推有真假之分，应优先通过师兄师姐走"真内推"渠道。

内推让我们有机会免除一些基础的筛选和选拔，直通复赛。但想要最终过五关斩六将进入大厂，高水平比赛还是一场都少不了。

第十章　网申和招聘系统揭秘

除内推途径外，我们绝大多数的岗位投递过程都发生在各个在线系统中，其中既包括大厂独立的网申系统，也包括如Boss直聘这样的综合性招聘网站。

在今天，无论是面对网申系统还是面对招聘系统，我们都会碰到一个全新的命题：**我们的信息首先是给机器看的，然后才会给人看**。在网申系统里，会按照各种系统规则对一份简历的标签进行抽取和打分，只有分数高的简历才会进入待检阅的队列；在招聘系统里，会根据静态的简历信息和动态的求职行为进行建模计算与匹配，只有静态信息和动态行为都匹配成功才会获得更多的曝光量。如果我们的简历不能在网申或招聘系统里拿到机器评定的高分，就很难曝光给HR来进行处理。

无论是网申系统还是招聘系统，都无法凭空生成评估结论，终归还是要靠我们输入的信息进行判断和决策。只有了解了系统所依赖的打分策略，认真对待网络系统里填写的信息资料，主动针对机器做一些优化，才能显著提升自己的机审评分，进而提升自己在招聘过程中的曝光量。

网申系统

目前主流的网申系统基本上是**一个规则匹配系统**。通过一套完善的包含学校、专业、技能、项目等标签的关键词库，系统能够从候选人的简历中抽取对应的标签，并按照HR设定的规则进行评估和打分，从而快速完成简历的粗筛过程。

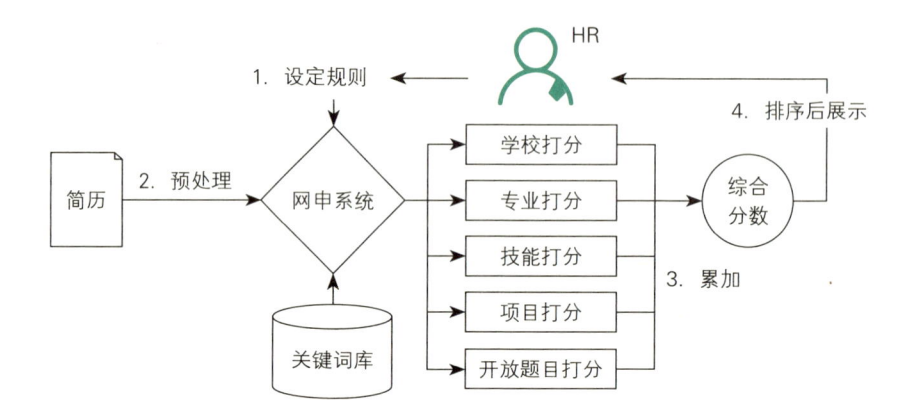

```
                              HR
         1. 设定规则  ←       👤      ←
                      ↓  ↑           ↑
                    ┌──────┐  → 学校打分 ─┐
  ┌────┐  2. 预处理  │ 网申 │  → 专业打分 ─┤   ┌──────┐  4. 排序后展示
  │简历│ ─────────→ │ 系统 │  → 技能打分 ─┼─→│ 综合 │
  └────┘            └──────┘  → 项目打分 ─┤   │ 分数 │
                       ↑      → 开放题目打分 ┘  └──────┘
                    ┌──────┐           3. 累加
                    │关键词库│
                    └──────┘
```

如上图，以某大厂的校招网申为例，它就是通过第三方的网申系统实现的。

（1）HR预先设定学校、专业、技能、项目，以及开放题目的打分规则。

（2）系统基于此自动对候选人的简历进行标签的抽取。

（3）系统基于抽取出的标签和HR预先设定的规则进行打分：比如，"双一流"建设高校获得5分，普通高校获得3分；又如，如果HR青睐计算机相关专业的候选人，那么计算机系的简历可以得到5分，相关专业如电气类专业可以得到3分。

（4）经过一系列围绕基础信息、项目经历、开放题目的打分和累加，系统将所有候选人的总得分进行排序后输出一个有序列表并展示出来。按照HR的筛选标准，最后排名前50%的候选人可以通过网申，进入笔试环节。

在网申系统所填的信息中，学校、专业这些都是我们已有的静态属性，无法改变，这些属性对应能拿到的分数也不存在什么变量。那么，为了迎合网申系统的打分规则，我们可以优化的部分主要集中在技能和项目部分，以及开放题目部分。

在技能和项目部分，我们可以针对系统调整自己的描述方式，在复制简历对应模块的基础上，合理地增加如"组织""领导""负责"等代表组织和领导能力的词汇，也可以参考岗位的JD补充一些相关的行业关键词，如"数据分析""用户分层""ROI"等。此外，要提前准备好自己的各种证件、奖状之类的扫描件，按照"姓名—证件/奖状"的顺序将文件整理好。

在开放题目部分，尽管各家公司的开放题目各有不同，但是整体还是有一些基础的套路可循的。常见的问题类型有以下三种。

职业规划类

这类题目偏向于套路题，HR并不期待职场初阶的候选人能够回答出什么特别高屋建瓴的规划，更多的还是希望能够挖掘一下候选人的职业发展诉求和发展稳定性。所以，如果你没有什么特别的想法，就可以以"稳定、学习、成长"为回答的主要导向，"三年主管""五年CEO""走上人生巅峰"这类大词还是在心里想象一下就好。

典型题目如：

- 请谈谈你未来3~5年的规划。
- 你对于自己的职业规划是怎样的？
- 在进入公司后，你想要怎样的发展？

求职动机类

很多人在投递简历的时候是"海投"，抱着试一试的心态，并没有特别地了解目标行业和公司。HR设置这类问题就是希望考察候选人的求职动机，考量其对于行业和公司的理解程度。通过在答案中命中一些行业的关键词或术语，能够比较好地提升机审的通过率。

典型问题如：

- 你为什么想应聘这个岗位？
- 你对于公司所在的行业有什么了解？
- 你为什么选择这家公司？为什么申请这个岗位？

能力实证类

在第十四章将介绍到"宝洁八问"，在网申中也会出现类似的题目。候选人需要通过切实的事例来说明：在什么背景下、自己碰到了什么问题、是如何克服和解决的、又进行了什么复盘和反思。对待这类问题，一个通用的解决方案是准备自己在实习或大学中的一到两个事例，按照上述结构进行拆分，拆分完成之后，在克服解决、复盘反思的环节进行扣题，以体现题目中所要求的"领导力""沟通力"等。

典型问题如：

- 你在大学时代最成功（失败）的一件事情是什么？为什么？
- 请举出一个能够展现你的沟通力（领导力）的具体事例。

附：常见的网申系统打分标准

毕业院校分级

级 别	分 数
国内TOP 10高校	7分
"双一流"建设高校	5分
一本	3分

专业对口度分级

级 别	分 数	说 明
专业严格匹配	7分	每个岗位都会圈定一些目标专业，命中了对口专业就会得到系统的高分
专业相近	5分	各大网申系统都维护了一个专业间的相似关系，如计算机vs电气工程会被判定为高相似度的专业
专业无关	3分	—

学历程度分级

级 别	分 数	说 明
博士	7分	不同公司的要求会不太一样，对部分公司来说，只有硕士和学士的差别，而会将博士和硕士归到同一档位
硕士	5分	—
学士	3分	—

GPA（平均绩点）分级

级 别	分 数
TOP 5%（含）	7分
TOP 5%～10%（含）	5分
TOP 10%～20%（含）	3分
TOP 20%～30%（含）	1分

把自己视作产品：互联网大厂求职、进阶之道

实习和工作经历分级

级别	分数	说明
同名岗位知名公司实习	7分	对于知名公司，如果招聘公司没有限定，则基本上是世界500强、行业100强；部分招聘公司会特别圈定一批目标公司，在目标公司有工作经验的就会得到高分
近似岗位知名公司实习	5分	如果岗位并不完全一样，则会按照产品运营、市场、研发等角度进行大类的划分
近似岗位一般公司实习	3分	如果岗位、实习公司都没有竞争力，而实习的时间较长（工作经验较丰富），那也会获得额外的加分

奖学金和竞赛分级

级别	分数
一等奖学金、优秀毕业生、国际竞赛获奖	7分
二等奖学金、国家级竞赛获奖	5分
三等奖学金、省级竞赛获奖	3分

招聘系统

不同于网申系统只是单向的规则匹配系统，招聘系统引入了更为复杂的双向推荐匹配模型。不再需要HR预先输入打分规则，招聘系统会基于HR所填写的基础信息，结合候选人（求职者）在招聘网站上的职位筛选、简历投递、沟通行为，进行更复杂的关键词抽取和行为建模计算，从而决定将哪些简历推荐给HR。

第二部分　叩开大厂门

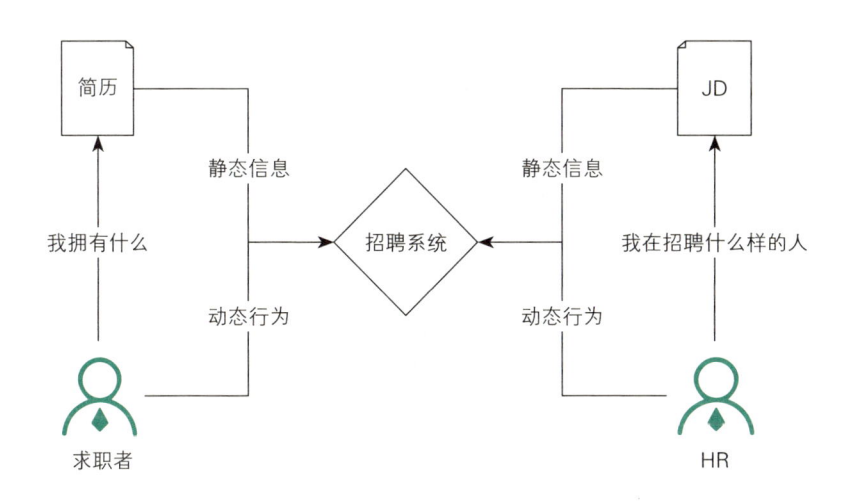

```
简历                                          JD
 ↑                                            ↑
 │      静态信息            静态信息           │
 │         ↓                  ↓               │
我拥有什么  →  [招聘系统]  ←   我在招聘什么样的人
 │         ↑                  ↑               │
 │      动态行为            动态行为           │
 │         │                  │               │
 👤                                           👤
求职者                                        HR
```

想要在招聘系统里一招制胜，"多做功"是对候选人来说最有效的建议。在静态信息部分，认真地完善自己的简历，通过补充更多、更有效的文本信息，使系统能够更好地识别你的简历；在动态行为部分，通过浏览和搜索向目标公司投递简历，在碰到不匹配的岗位信息时及时打叉，从而给系统补充更多的正向、负向行为数据。

很多同学在招聘系统中，只会提交自己的附件简历，但是对于在线简历的填写非常随意，殊不知这样会给自己带来大麻烦。从机器的角度来看，没有候选人的在线简历作为文本参考，招聘系统的推荐引擎没有办法进行有效的分析和建模计算；从人的角度来看，HR首先看到的是你的在线简历，然后才决定要不要和你交换联系方式、下载你的附件简历。如果连在线简历都一团糟，那又怎么能吸引对方进一步了解你呢？

和网申系统不同，招聘系统在HR侧的展示分为列表页和简历详情页两个场景。HR只有在列表页上相中了你所填写的信息，才会点击进入简历详情页。让我们代入HR的角色，先了解招聘系统是怎么呈现自己信息的，再来看该如何填写信息。在列表页上，一个候选人的信息会如下图所示。

```
第一行 ← 张同学
         2年 | 硕士 | 30～35K
第二行 ← 腾讯科技（北京）·产品经理
第三行 ← 策略产品  内容生产  CMS
第四行 ← 熟练使用 Axure 和墨刀画原型图
         熟练使用 SQL、Excel 并有数据分析能力……
```

第一行：通过标签呈现出了候选人的工作经验、学历和预期薪酬。

第二行：展示了候选人曾供职的公司（或学校）。这里需要注意的是，很多公司的公司名和品牌名不一定对齐，品牌名要比公司名出名得多。比如，Soul App 的公司名是上海任意门科技有限公司，美团的公司名是北京三快在线科技有限公司。如果你所供职的公司名和品牌名有所不同，那么为了降低 HR 的理解成本，建议在供职公司的字段填写更广为人知的品牌名。

第三行：展示了候选人在系统里选择的自己所具备的技能。只要你掌握了对应技能，就可以在招聘系统的标签库里选择标签。因为你并不确定 HR 更偏向哪些标签，所以只有填写完整、广撒网才能提升命中 HR 需求的概率。

第四行：展示了候选人自己填写的个人优势字段。在这个字段上，要做到"先满再优"。既然系统给了你两行展示位置，那为什么不把它们都写满、占满呢？此外，要站在 HR 的角度思考：公司需要怎样的人才？更希望看到候选人有怎样的能力和产出？候选人要通过截取和概括自己出彩的项目产出，提升自己的竞争力。

完成了在线简历的填写之后，算是给招聘系统补充了基础的文本信息。接下来，可以通过自己的行动"调教"招聘系统，让它将你推荐给更合适的HR。

首先，在求职期间请保持活跃度，包括登录App、刷新列表、响应HR的邀约、给目标公司投递这样的"正反馈"行为。招聘系统会通过你的"正反馈"行为来判断你正处在积极求职的状态。只有积极的求职者才会得到更多的曝光机会。

其次，对于不感兴趣的公司，不要忘记及时打叉或礼貌拒绝，而不是直接忽略。你需要更明确地以"负反馈"行为告诉招聘系统"我不喜欢这家公司"，只有这样才能让推荐引擎更好地了解你的兴趣，从而做出有效的推荐行为。

在今天这个人机结合越来越紧密的时代，我们在使用网申或招聘系统的时候，要更有策略地"迎合机器、取悦人"，只有这样才能为自己赢得更多的曝光量，顺利通过网申。

Tips

在今天，无论是面对网申系统还是面对招聘系统，我们都会碰到一个全新的命题：我们的信息首先是给机器看的，然后才会给人看。我们要更有策略地"迎合机器、取悦人"，只有这样才能为自己赢得更多的曝光量，顺利通过网申。

第十一章　用四个番茄时钟写出一份好简历

刚投递完自己简历的张东晴，对着电脑屏幕开始发呆。这已经是他投递的第30份简历了。

从刚开始对于公司的精挑细选，到简历石沉大海后的妥协，再到目前的广撒网多捞鱼，张东晴意识到自己的心态也在悄然发生着变化。看着简历一次次投递，又一次次杳无音信，他开始自我怀疑：自己真的那么差，连简历筛选都通不过吗？

耐不住焦虑，他报名了我在知乎的公开课。听完课之后，他通过站内信给我发了一则长长的留言："老师，你的第一句话就让我茅塞顿开。你说，我们在投递简历的时候，首先要站在公司的立场上想一想，自己是一款待价而沽的产品。"

是的，把招聘看作一个市场，我们就成了一款待价而沽的产品。现在我们所要做的，就是以一个合适的价钱将自己"卖给"某家大厂的某个岗位。如同卖货要挖掘出产品的卖点，设计出命中消费者需求的包装，才能卖出一个好价钱，我们想要把自己以一个好价钱"卖给"大厂，同样需要类似的流程。

那么，作为自我包装的第一步，请认真对待你的简历：这薄薄的一页纸，是决定你能否拿到大厂筛选准入券的第一份文件。千万不要准备了各种面试经验，却因为没有认真准备自己的简历，而落得连笔试和面试的机会都没有，那样可就得不偿失了。

在讲述自己迭代简历过程的时候，张东晴说，本来觉得自己套用了"高大上"的简历模板，看起来挺有新意和创意，可是听到我在公开课提出的"内容太过冗长的简历、样式过于花哨的简历、没有经过定向调整的简历，都是简历的谬误"，发现自己命中了各种简历"槽点"，禁不住冷汗直流。

接下来，我们就可以依次拆解：简历的定位是什么，是给谁看的？如何用四个番茄时钟写出一份还不错的简历？让我们和张东晴一起，对于简历建立起全新的认知，给自己重写一份简历、重换一份有吸引力的"新包装"。

留给你的简历的时间只有5秒

做一款产品，需要明确自己的目标受众。作为你的求职包装，简历是给谁看的？这是你在写简历的时候首先要考虑的问题。**你的简历要面对的，并不是一个面目模糊的"用人单位"，而是那个坐在电脑前筛选简历的HR。**

所以，简历要影响的对象，便是那个决定你能否走进下一个环节的HR。自己抓耳挠腮写了几小时的简历，到底有没有打动对方？因此，你要以用户的视角，代入HR的角色去重新思考：他们的工作有什么特点？他们是如何对待这份简历的？他们会青睐什么样的简历？

首先，HR很忙。

不同于资深岗位的招聘是卖方市场，猎头、校招HR需要花很多的精力才能和求职者建立联系，并需要通过一段相对长的时间来维系关系。初阶岗位的招聘是一个供大于求的买方市场，由于求职者众多，HR每天要筛选数以百计的简历。

当你代入HR的角色之后就会发现：没有人会如阅读一篇文学作品一样，慢慢地阅读、咀嚼、体会你的简历，整个过程更加讲究工业化和效率导向。他们所要做的，就是遵循YRIS[Your resume is scanned, not read（你的简历是被快速浏览的，而不是被仔细阅读的）]原则快速地翻阅每份简历，从中抽离出关键信息，进而做出"Yes or No"的判断。网络上流传的并非段子，而是真真切切的现实：留给你的简历的时间只有5秒。

既然HR没有足够的时间应对你的简历，那么你要呈现出的简历就应该更像一部广告片，简单明了、直击痛点，而不是一部连续剧，需要受众了解前因后果才能看明白。

简单明了是写好简历的第一个要求。通常，我建议把简历控制为一页纸，以清晰的结构呈现核心信息。考虑到笔记本电脑的屏幕通常只能显示一张A4纸的3/4，我更建议将重要的部分在前3/4处就写完整、说明白。

其次，HR很"功利"。

就如我一再强调的"人岗匹配"原则，公司在招聘的过程中要找的，并不是所谓最好的候选人，而是最匹配的候选人。HR的职责，是基于业务方的硬性要求，筛选出合适的简历，再将简历流转到下一个环节进行处理。所以，HR是业务方的代言人和把关人，他们会基于JD中要求的要点，从每份简历里进行查找和匹配，基于此做出你是否晋级下一轮的判断。

在人力资源系统应用越来越广泛的今天，很多公司会进一步使用自然语言处理系统来解析和结构化简历，以帮助HR快速筛选简历。HR只要输入特定的技能关键词，系统就可以直接对候选人的简历进行关键词的查找，给出判断后的结果集合。所以，为了迎合HR"功利"的特点，光是简单明了还不够，还需要对简历提出第二个要求：重点突出、要点匹配。

```
候选人画像
教育背景：  东北林业大学（"双一流"建设高校）×
工作经历：  三节课信息咨询（北京）有... ×    北京西天取经科技有限公司 ×
```

```
候选人画像
智能标签：  空白经历 ×
教育背景：  四川大学（"双一流"建设高校）×
工作经历：  第二空间（北京）科技有限... ×    北京意林励志图书发行有... ×
关键技能：  文案撰写 ×
```

所以，**你的简历不仅是一则广告，还是一则在公交站台的广告，即便只是一晃而过的时间，也要让HR捕捉到简历中的要点**，感知到此要点和自己要招聘的岗位间的关系，从而影响HR做出更有利于自己的判断。

明确了简历的定位和影响对象之后，接下来就到了实操的时间。

下面向你介绍一种名为"番茄时钟"的工作法。

番茄时钟法是弗朗西斯科·西里洛在1992年创立的一种偏向微观时间管理的方法。在番茄时钟里，我们通过限定单个任务的时间周期，能够更加聚焦于一个任务的完成情况。该方法包括以下几条原则。

- 一个番茄时钟为25分钟，每完成一个番茄时钟休息5分钟。
- 在一个番茄时钟中只专注于做一项工作，不可分割。
- 每四个番茄时钟后，停止工作，进行一次15～30分钟较长时间的休息。

番茄时钟法的意义在于，在有限的时间里保持热诚与专注，有利于提升工作效率，减少拖延的情况。根据沃顿商学院的研究，在短时间里切换多项工作内容会让人感到压力，而番茄时钟法能让我们专注于一项工作，提升自己的幸福感和成就感。

下面会在四个番茄时钟里，通过四个步骤——自我分析、形成初稿、定向修改、格式修订，和你一起完成你的简历。

第一个番茄时钟：自我分析

想要做好包装，自然要分析清楚自己的卖点究竟是什么。请把手机切换到飞行模式，准备好一支笔和一沓便签，给自己设定一个番茄时钟，即25分钟的独处时间。在这段时间里，你要完成一次对自己现有成绩的梳理，看看自己在过去的学习和实践里积累了怎样的经验与技能，其中又有哪些具有被外部世界认可的价值。

注意，要尽量梳理出客观的、可被衡量的标签，而不是主观的特质或业余时间的兴趣爱好。你可以热情、可以冷静，可以开朗外向、可以沉稳内向，但这些都不是你此刻要思考的范畴。因为公司首先要筛选的是你的硬技能，其次才会评估你的性格。只要你的性格和兴趣爱好不太会影响到工作的交付与产出，那么对公司来说也就不是需要过度考虑和审视的范围了。

那么，此刻的你拥有哪些客观的标签呢？可以从学历情况、技能水平、项目经历三个角度来枚举，在每张便签上写下一个标签。

学历情况。对于校招生而言，最基础的是学校背景、专业情况和学业成绩。

如果把从学校到公司比作第一次跳槽，那么学校就是你上一段时间的组织标签。除学校名称外，如果你的学校是"双一流"建设高校，请务必标注出来，因为不是每个人都了解"双一流"建设高校的全部集合。对于留学生而言，标明学校等级这一点尤其重要。国内的HR对于海外大学的排名情况了解得并不充分，只有提前备注出来就读院校在所在国家的排名或在QS世界大学排名中的具体位置，才能让HR一目了然，而不至于因为不了解你的毕业学校而做出误判。

如果你有很好的绩点、很好的年级排名，或者拿过奖学金或相应的奖项，这些都应该作为候选信息罗列出来。比如：

- 学校背景：太原理工大学（"双一流"建设高校）、英国华威大学（英国排名前十）。
- 专业情况：计算机应用技术。
- 学业成绩：GPA前5%、一等奖学金。

技能水平。你有什么技能或特长吗？通常可以按照外语水平、软件应用、证照情况和培训情况进行罗列。比如：

- 外语水平：雅思考试成绩7分，通过英语专业八级考试、日本语能力测试N1。
- 软件应用：
    - 掌握视频编辑软件，能够剪辑和制作抖音、小红书短视频。
    - 掌握Axure，能够做原型图和PRD（产品需求文档）。
    - 掌握SQL、Hive。
- 证照情况：拥有CPA（注册会计师）证书、驾照、教师资格证。
- 培训情况：通过某培训机构产品经理课程。

项目经历。你做过哪些项目呢？如果说学历和技能是可以被一纸证书衡量的标签，那么你就需要通过项目经历来佐证自己掌握不可被量化的技能或经验。可以按照公司实习项目、实验室学术项目、校园活动项目进行罗列。比如：

- 公司实习项目：在某公司实习，参与了用户运营的项目，这期间通过私域运营的方式管理了3000人的社群，并完成5%的销售转化。
- 实验室学术项目：参与实验室某课题研究，完成了其中某部分的工作，产出论文一篇。
- 校园活动项目：作为组织者，举办了学校第一届校园歌手大赛，并夺得了"校园十佳歌手"称号。

由于这仅是一个罗列信息的过程，所以在项目经历环节可以尽可能追求完备，不要怕多写。这些事实构成了你的标签，你可以通过对这些标签进行事实描述来证明自己能够胜任某份工作。

恭喜你，完成了第一个番茄时钟。请休息5分钟，再看一下眼前这沓便签。在刚刚过去的25分钟里，你完成了自我分析，它们就是自己在过去这些年里所取得的成绩和收获。接下来，需要通过对标签的调整和重组来完成自己的简历初稿。

第二个番茄时钟：形成初稿

带着第一步的结果，下面就要开启第二个番茄时钟了：在新的25分钟里，你要对已有的标签进行筛选和梳理，构建出自己的简历初稿。很简单的两步法：先筛选、后扩展。

先筛选：筛选出HR关心的内容

筛选环节是一个站在第三方视角对已有标签进行梳理和排序的过程，由此明确哪些标签适合放在简历初稿上。在这个过程中，你要摒弃敝帚自珍的习惯，尽可能代入HR的角色去思考他们会关心什么样的信息，从而对每张便签进行打分。

- 这个标签体现出的是硬技能还是软实力？
- 这项硬技能或软实力是用人单位看重的吗？
- 如果是用人单位看重的，那么它们会有多看重？

以张东晴为例，他的校园活动项目里有这样一条："作为组织者，举办了学校第一届校园歌手大赛，并夺得了'校园十佳歌手'称号。"对于这个标签，该如何取舍呢？

歌喉出众固然是亮点，但是这个亮点所体现出的兴趣爱好，对应聘大厂显然不构成什么太大的加分项。大厂需要的首先是一名出色的员工，其次才是一个能够在团建或年会时，一展歌喉、技压全场的"麦霸"，所以"夺得了'校园十佳歌手'称号"这一条并不算什么有效的标签。

而从另一个角度看，因为张东晴对唱歌很有兴趣，所以他成功组织了从学院到学校的歌手大赛，安排好了活动流程，吸引了远超往届的报名人数，甚至拉来了更多赞助，使整场活动下来盈余不少。这样的经历体现的便是活动组织能力、沟通和商务拓展能力，这些能力可能对他将应聘的活动运营岗位大有裨益。站在面试官的角度，他们会对求职者在这一过程中表现出的软实力更感兴趣。这一部分就是张东晴该保留下来的。

所以，校园活动项目这个标签就会被拆分，只保留"作为组织者，举办了学校第一届校园歌手大赛"的部分，作为体现领导力、组织力的案例。

积累净是无用功？

经过标签的筛选环节，张东晴不无遗憾地发现：在过往的日子里，他借由自己的努力给自己贴上了很多标签。但是，在应聘这个时间点下，挑挑拣拣之后，很多标签似乎变得不被市场接受、没那么值钱了。

他的情况并不是孤例。在线下的工作坊里，很多人通过对自己的标签进行筛选和梳理会丢弃掉很多便签，也会对留下来的便签做出重新排序。大家会不由得感慨："真实世界是存在于观察者视角里的，原来不同角色对于同一个事件的认知如此多元且参差。"

不知道你在梳理完自己的简历标签的时候，是不是也会有这样的感慨：大学生活里似乎做了太多的无用功，明明很忙碌、很精彩，但是到了应聘的时候，很多项目或活动却起不到什么作用。

但是请不要气馁。社会化标签往往用以衡量一个人的劳动输出在货币化市场上的表现，它们决定了对企业而言，你是谁、你值多少钱。 而这些标签会把你和千千万万的同行归类到一起，被计算机标记为"懂得用户组织方式的初级运营人员"，宛若带上了没有五官的白色面具，让你面目模糊。**而恰恰是那些并没有被市场普遍接受、难以用现金量化的标签，才决定了对你自己而言，我是谁、我有多与众不同。**

在工作时间之内，张东晴是一个工作严谨的用户运营人员。而在朝九晚五的工作时间之外，正是"麦霸""板仔"这样的标签让他变得鲜明而立体起来，成为自己，一个和别人不一样的自己。

把社会化标签呈现给用人单位，把个性化标签留给生活里的自己。

后扩展：可量化扩展

完成了对于标签的筛选，就可以进行下一步的操作：可量化扩展。我们已经知道哪些标签是HR所看重的，现在就可以围绕这些标签写一篇命题作文，将这些标签扩展成你简历中的一段文字，有理有据地展现出自己的"社会性经济价值"。

不用挠头发愁，这一步并不困难，它不是文学创作，而更像有法可依的应用文写作，如："请在100字以内，阐明你在这个标签下产出了什么、参与和负责了什么、具体贡献了什么。请用可量化、不容易造成误解的方式来完成论述。"

对于技能类的标签，如果有证书和考试佐证，就直接陈述证书和考试成绩，而不要用百分比或"熟悉""精通"这样模糊的、不精准的措辞。

我在筛选简历的过程中，曾经见过这样的简历：用一个50%的进度条来表达自己的驾驶技巧。请问，这个50%的进度条能够说明什么呢？是说明你驾照考试只考完一半吗？如果将其转换为拿到C1驾照的描述，是否更加清晰明确？同样，什么叫"熟悉英文"或"精通英文"？你所定义的"精通"和面试官所理解的"精通"，真的是一个意思吗？莫不如将其转换为实打实的雅思、托福考试成绩，让信息的传递和接收更加清晰、无歧义。

下图就是一个错误示例。

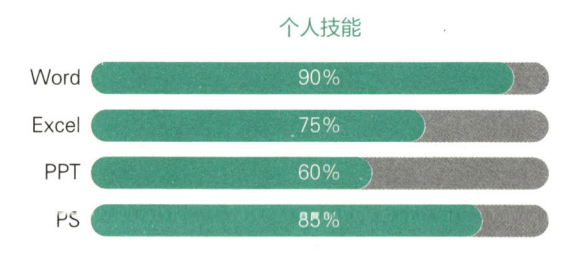

个人技能

Word	90%
Excel	75%
PPT	60%
PS	85%

除了可量化的部分，对于那些没有公允衡量标准的技能或在公司里负责的项目标签，又该怎么办？

对于那些没有公允衡量标准的技能，最好不要用"精通""擅长"这种没有区分度的词语，转而以使用这项技能所做出来的项目或产出

为证明，并附上作品链接，让结果一目了然。作品链接可以直接呈现出自己使用特定的技能完成了一个什么样的项目、产出的成熟度是怎样的。这也是对视频剪辑、UED（用户体验设计）岗位来说，站酷链接、网盘链接越来越成为简历标配的原因。

对于那些在公司里负责的项目，则要从项目产出、自己负责的部分及对于项目的产出带来的贡献等角度依次描述。

先写项目产出，是因为我们终归是对结果负责的。公司雇用你，雇用的并不是你的时间和努力，而是你的产出和成绩。换言之，有苦劳没有功劳，只能自我感动却不会得到市场的认可。在市场化的环境下，我们还是尽可能让自己变得客观一些，以结果论英雄：项目的产出是什么，前后对比提升了多少。

阐明了项目产出之后，就可以进一步描述自己具体负责哪一部分、对于项目的产出带来了怎样的贡献等。在这个环节，实事求是就好，不需要过分夸大。很多候选人都倾向于尽可能把自己所负责的部分说得多一些、贡献说得大一点。这样或许能够在简历筛选环节有所优势，但是大概率会在面试环节"翻车"。

比如，一个不好的描述是这样的：

"参与建设产品线上销售项目，负责访谈销售人员，记录访谈纪要，收集竞品线上自主购买平台设计情况，完成线上销售产品的初步筛选。负责经营分析工作，拆解销售目标，统计销售数据并协助优化业绩考核标准。"

整段文字中只有过程，没有结果，只有主观的描述，没有客观数据化的产出。可以通过明确结构、补充数据、完善结果等方式，将上述文字调整为如下的列表。

- 参与建设产品线上销售项目，访谈销售人员100多名，记录并整理出访谈纪要。
- 收集竞品线上自主购买平台设计情况，完成竞品分析报告，供业务方参考。
- 负责经营分析工作，拆解了2021年9—11月的销售目标，统计了2021年上半年的销售数据。协助优化业绩考核标准，并最终应用到销售体系中。

就这样，每条标签都被扩展成100字以内的应用文：有成绩、有数据、有做法、有描述。但不变的基调是，站在招聘者的角度对自己的卖点进行扩展和包装，在保证真实的前提下，让内容看起来更加结构清晰、重点鲜明。

很多人会进一步提出问题：我做的事情看起来没有那么了不起，总感觉没什么可写的，该怎么办呢？这里给你科普一个小技巧：从和过去的对比中、从自己工作方式的改进中、从前后业绩的相对涨幅中找到陈述的空间，在保证真实的前提下，使数据更好看、更吸引人。

比如，单独看"参与建设产品线上销售项目，访谈销售人员100多名，记录并整理出访谈纪要"这一标签，就是一个比较直白的陈述过程，100多次访谈也没有那么了不起。但是如果补充和过去的对比，这一标签就可以丰富成："参与建设产品线上销售项目。相比过往只有案头研究、中心决策的方式，新方法下补充了100多名销售人员的深度访谈，在此过程中记录并整理出访谈纪要。"

好的，再休息5分钟吧。我们即将进入下一个番茄时钟，针对不同的公司对简历进行定向修改。

第三个番茄时钟：定向修改

完成了前述步骤之后，你的简历已经有大体的框架了。与直接套一个模板写出的简历相比，经过前述步骤修改的简历站在公司的视角重新组织了素材，突出了可量化的标签。

通常，很多人写简历的过程就到此结束了，然后开始"一处水源供全球"，将一份简历"海投"给各家公司。但是，在竞争十分激烈的今天，这个方法显然太过粗犷了。

为什么？让我们回到包装的概念上。既然你将自己的简历当作对自己的包装，那么投递给不同公司、不同部门就相当于将产品分发到不同渠道。**如果你想打动不同渠道的用户，就势必需要结合渠道特点提供不同的价值主张和外部包装。**

以食品包装为例：给喜欢健康的用户强调低脂、低卡；给喜欢口味的用户强调味道鲜美；给喜欢拍图晒照的用户提供可拍照的角度等。产品本身没有改变，但是你在不同渠道上做广告和包装时，阐述产品优点的角度是可以调整和改变的，这样才能更有针对性和说服力。

同样，当你投递同一岗位的时候，不同公司的要求甚至同一公司不同部门的要求也是不一样的，更不用说投递不同的岗位。想要尽可能地打动不同的对象，就需要结合不同JD的要求，对自己的简历进行微调。

比如，如果你关心的岗位考察的是你的组织能力，那么你就需要详述在项目经历中和组织能力相关的部分；而如果你关心的岗位考察的是你的某项技巧，那么你则需要在对应的标签中重点说明自己如何用某项技巧完成了某个项目。

所以，定向修改就是在简历初稿的基础上，结合投递岗位的JD进行精细化调整的过程。你可以在已有框架的基础上，对于标签呈现顺序、标签描述方式进行微调，从而形成一份更具针对性、更能打动面试官的简历。

比如，如果岗位要求中明确提及了"具备数据分析能力、掌握SQL"等，你就可以将前述的文字进一步调整为：

"负责经营分析工作，通过Python建模的方式，拆解了2021年9—11月的销售目标。通过SQL统计了2021年上半年的销售数据。协助优化业绩考核标准，并最终应用到销售体系中。"

只要补充一下你是用什么方式做的、是怎么做的，就可以让自己的简历更好地命中JD的硬性要求，这不也是一种面向招聘系统的SEO吗？

明白了这个道理后，张东晴重新打开了自己的简历，细细阅读每份JD的岗位要求和技能关键词，对于自己的项目经历进行了对应的信息完善和措辞调整。

第四个番茄时钟：格式修订

在前述步骤里，我们基于招聘者的视角对简历进行了梳理，让简历言之有物；接下来，我们会基于对格式的修订和优化，让简历观之有形。

简历的文件标题是一个很多同学会忽略的点。我见过很多同学的简历文件标题是"简历""我的简历"，甚至还见过一个版本是"无标题文档",令人忍俊不禁。

在各大公司的招聘流程里,你的简历作为一份附件,会被存储到HR和面试官的电脑上,通过邮件、IM工具等形式从一个同事传递给另一个同事。这时,我们就可以抛出这样一个问题:如何让HR和面试官快速地查找到自己的简历?想要达成这个目的,需要对文件标题进行调整,包含基础信息:姓名—学校/公司—投递岗位—简历。例如,"张东晴—浙江大学—产品经理—简历",或者"张东晴—百度—研发—简历"。

简历的文件格式是另一个容易掉入的"小坑"。通常,我建议将简历文件转存成PDF的格式进行投递,而非直接使用Word格式。这种倾向性是由两种文件格式的区别所决定的。

- PDF本身是偏向于阅读的文件格式,广泛支持被各种软件打开(如在浏览器中就可以打开)。而且,在不同的操作系统下、不同的软件中打开时,PDF文件呈现的排版效果是一致的,不会出现文件格式的变形或扭曲。
- Word是偏重于编辑导向的文件格式,只有特定的Word编辑软件才能打开(如Windows平台下的Microsoft Office,Mac平台下的Pages,Linux平台下的Open Office)。而且,当碰到版本不一致或存在不兼容字体的时候,就有各种各样的排版错误,甚至会出现丢字、不能正常显示的情况。

简历正文的格式,通常参考从网上下载的模板就能够解决:字体方面,宋体、黑体、雅黑等都是常用的公文字体;字号方面,通常建议用小四或五号，太小的字号在电脑屏幕上的显示效果很差；字符间距方面，通常按照1磅或1.2磅即可；对于想要重点突出的部分，可以用加粗、下划线的方式进行突出显示；对于项目陈述部分，可以以项目符号的列表样式展示，以进一步方便阅读。

需要再次强调的是，简历是一种应用文，应该把信息的有效传递放在第一位，所以通常并不建议选择异型的简历模板，如搜索结果样式、正文中包含图片且文字呈环绕展示等。这样的样式违背了让受众一眼抓住重点的阅读原则。异型简历不仅让机器在解析时不能有效进行文本分析，也给HR的阅读带来问题，让其难以抓住正文重点。一个简明直白、结构清晰明了的模板，对简历来说就已经够用、够好了。

酒香也怕巷子深，在这个竞争激烈而又速食消费的年代，我们不得不在提升自我内在能力的同时，做好自我的外在包装。 所以，请从一份好的简历开始自己的求职之旅吧：让更好的自己被更多的人看到。

☞ Tips

你的简历不仅是一则广告，还是一则在公交站台的广告，即便只是一晃而过的时间，也要让HR捕捉到简历中的要点。

自我分析、形成初稿、定向修改、格式修订，四个番茄时钟让你写出一份好的简历。

第十二章　笔试"三板斧"

优化了自己的简历，命中了 HR 关心的关键词，通常能够让你顺利通过网申，进入笔试环节。

对于大厂而言，笔试是历年校招过程中刷人最多的环节。参照历史经验，在这一环节通常能够筛选掉 70%～80% 的候选人。

线上笔试系统的成熟极大地降低了大规模笔试的组织管理成本和阅卷成本，这就让很多大厂更倾向于选择"宽进严出"的筛选方式，即在简历环节不做太过严格的筛选，让更多的候选人进入笔试环节，通过笔试环节完成主要的筛选。

这也就是行业内 HR 常说的，通过大规模笔试筛选掉"不聪明"的候选人。笔试真的能够筛选掉"不聪明"的候选人吗？并不见得。但比较确信的是，笔试大概率能够筛选掉那些"不准备"的候选人。

在学校里，专业成绩相仿的诗雨和亚南两个人，在笔试过程中的经历就构成了鲜明的对比。一场线上笔试下来，诗雨被搞得一头雾水：她实在看不出逻辑行测题中那一排面貌相似的圆形和三角形交叠的图形到底有什么区别。而更糟糕的是，因为在图形题目上纠结了太久，耽误了太多的时间，她甚至没有答完所有题目就只能被迫按时交卷。笔试结束后，诗雨只能一遍遍地刷着微博、看着人家的自嘲"为什么校招笔试这么难"聊以自慰。

而另一边，因为事先刷过题，亚南对笔试中可能出现的题目有着充分的心理预期。在答题的时候，碰到思路类似的问题答得飞快，碰到不会的题目也能够及时跳过，保证了试卷的整体完成度。几日后通知笔试结果，果不其然，亚南晋级了群面，而诗雨就只能笔试"一轮游"，转而去投递新的公司了。

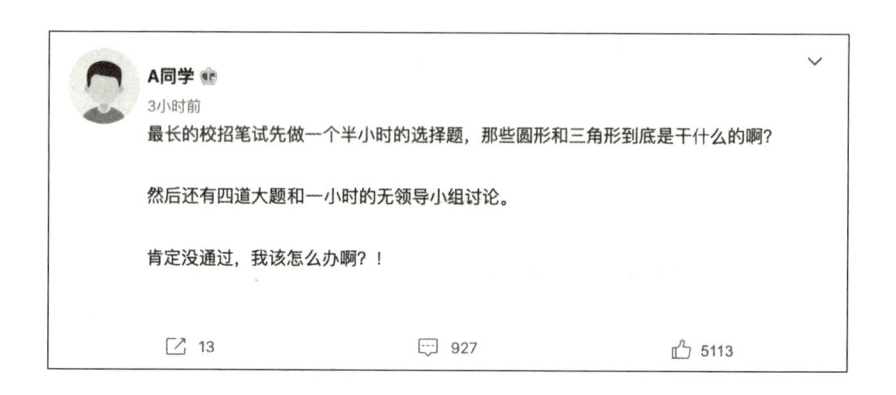

> **A同学**
> 3小时前
> 最长的校招笔试先做一个半小时的选择题，那些圆形和三角形到底是干什么的啊？
>
> 然后还有四道大题和一小时的无领导小组讨论。
>
> 肯定没通过，我该怎么办啊？！
>
> ⤴ 13 　　💬 927 　　👍 5113

正所谓"难者不会、会者不难"，越是大规模的规范化考试，就越会沉淀套路、有迹可循。下面我将和你一同拆解笔试"三板斧"：性格测试题、逻辑行测题、专业能力题。看看如何才能挥舞好这"三板大斧"，披荆斩棘、穿越笔试。

第一板斧：性格测试题

随着心理学对于性格特质和适合的职业之间关系的不断挖掘，已经有越来越多的大厂开始将性格测试作为员工招录环节的必选项目，并参考性格测试的结果作为是否录用的辅助信息。

在校招的笔试过程中，常见的性格测试有MBTI测试、霍兰德职业兴趣测试、大五人格测试和九型人格测试等。

不论哪种性格测试，基本上都会使用李克特量表法（Likert Scale），即每道题目的答案不是二元选项，而是一组程度选项。例如，"非常同意""同意""不一定""不同意""非常不同意"，分别计为5到1分，通过分值的高低来刻画被调查者在不同问题上的态度强弱。与只提供两个答案选项的二元问题相比，李克特量表能够更好地反馈出被调查者对于问题的态度，从而收集到更为精准的数据。

这里以霍兰德职业兴趣测试为例进行详述。

霍兰德职业兴趣测试

霍兰德职业兴趣测试是由美国职业规划专家霍兰德基于其过往的职业咨询经验和职业类型理论编制的测评工具。他认为，个人职业兴趣特质和适合的职业之间存在一种内在的对应关系。每个人的人格是六个维度下不同程度下的组合，即社会型（S）、企业型（E）、常规型（C）、实际型（R）、调研型（I）、艺术型（A）。

这六个维度的含义分别如下。

1. 社会型（Social）
- 共同特点：喜欢与人交往、愿意帮助和教导他人的人，常被称为"帮助者"。他们关心社会问题，渴望参与其中发光发热，但通常不具备技术性能力。
- 典型职业：需要高频与人打交道，并与信息分享、服务培训、治疗等相关的岗位。例如，教培行业从业者、咨询与培训讲师、市场公关等。

把自己视作产品： 互联网大厂求职、进阶之道

```
               艺术型（A）


  调研型（I）                    社会型（S）




  实际型（R）                    企业型（E）


              常规型（C）
```

2. 企业型（Enterprising）
   - 共同特点：具有演讲技巧和领导力的人，常被称为"说服者"。他们喜欢竞争，偏好冒险，有野心和抱负，领导和带动团队协作，做事有很强的目的性，但通常不具备技术性能力。
   - 典型职业：需要具备经营管理、说服和监督能力的岗位。例如，项目经理、制作人、营销人员、管理者等。

3. 常规型（Conventional）
   - 共同特点：遵循权威和规章、喜欢按照计划行事、细心且有条理的人，常被称为"按部就班者"。他们关注实际和细节，通常较为保守，不喜欢冒险和竞争，缺乏创造性的特质。
   - 典型职业：需要注意细节和准确度、有固定章程可依的岗位。

例如，行政人员、财务会计、网站编辑、工程师等。

4. **实际型（Realistic）**
- 共同特点：动手能力较强、喜欢从事操作性工作的人，常被称为"实干家"。他们偏好具体事务，通常不善言辞和社交。
- 典型职业：需要使用工具、机器，掌握各种操作技能的岗位。例如，技术性职业（计算机硬件开发师、摄影师、制图员、机械设计师等）、技能性职业（厨师、技工、修理工、农民等）。

5. **调研型（Investigative）**
- 共同特点：具备思考能力和调研精神的人，常被称为"思想家"。他们求知意愿强，善于思考，做事追求精确和逻辑分析推理，不断探讨未知的领域。这种人通常精于数理科学，但是缺乏领导力。
- 典型职业：需要面向抽象的、分析导向任务的岗位。例如，科研工作者、程序员、数据分析师等。

6. **艺术型（Artistic）**
- 共同特点：具有创造力、渴望表现个性、追求语种不同的人，常被称为"艺术家"。他们做事理想化，追求完美、善于表达，但是通常不擅长事务性工作。
- 典型职业：需要创造和表达、依赖艺术素养的岗位。例如，建筑师、摄影师、广告制作人、导演、演员、作曲家、作家等。

分析这六个维度所关注的落点不难看出：具有ASE特质的人更偏向和人打交道，具有CRI特质的人更偏向和事务打交道；具有EC特质的人更偏向具体的实务，而具有IA特质的人更偏向抽象的认知和概念。

当然，每个人并不会只有单一维度，而是一个多维度、多特质的组合体。比如，一个人可以同时具有显著的RI特质。性格测试分析报告会基于分值最高的几项特质组合进行相应工作岗位的推荐，如：

- IAS：心理学家、经济学家、数学家、医生。
- IEC：档案管理员、保险理赔员。
- ISE：营养学家、检查员。

公司也会根据自己岗位的工作内容特点，评估不同性格特质的候选人和岗位之间的匹配度。其他常见的性格测试如下表所示。这些性格测试发展比较成熟，我们能够在网上方便地找到各个性格测试的免费和付费版本。（比如访问才储网站，尝试各个性格测试的免费版本。）

性格测试	概述
MBTI测试	MBTI测试基于荣格心理学理论，后经由伊莎贝尔·迈尔斯和凯瑟琳·布里格斯的梳理划分，归纳、提炼出个体性格中的四个关键要素——动力、信息收集、决策方式、生活方式，并进行分析与判断，从而把不同个性的人区分开来
大五人格测试	大五人格测试是人格心理学中"特质流派"的代表，通过将人的性格划分为五种特质，即外倾性、随和性、责任意识、情绪稳定性和经验的开放性，来衡量一个人的偏好及可能适合的工作
九型人格测试	九型人格学按照人们习惯性的思维模式、情绪反应和行为习惯等性格特质，将人的性格分为九种：完美主义者、给予者、实干者、悲情浪漫者、观察者、怀疑论者、享乐主义者、保护者和调停者。世界500强企业中的美国通用汽车公司、可口可乐、惠普等都将九型人格学运用于企业管理中

续表

性格测试	概述
职业锚测试	美国著名的职业指导专家埃德加·H.施恩基于长达12年的职业生涯研究，包括面谈、跟踪调查、公司调查、人才测评、问卷等多种方式，最终分析并总结出了职业锚理论
DISC测试	20世纪20年代，美国心理学家马斯顿博士采用了四个他认为非常典型的人格特质因子来描述人的性格特质，即支配（Dominance）、影响（Influence）、稳定（Steadiness）、服从（Compliance）。而DISC正是代表了这四个英文单词的首字母

面对性格测试，做自己

在你试完一遍各种性格测试之后不难发现：我们每个人的性格特质都是多维度的组合，其中每个维度上都是一个0和1之间的值。正是那些显著高于均值或低于均值的维度，才构成了我们性格的偏向特点，从而影响了我们的就业选择。

需要指出的是，**性格测试不是枷锁而是镜子，它的作用并不是让我们束缚自我，限定自己只能做什么事情，而是帮助我们发现自己更适合做什么事情，从而在挑选工作的过程中更有知觉和针对性。**比如，如果你的尽责性特质相对较高，那么一些对于数据和逻辑有严格要求的工作，如审计、数据分析之类的工作，对你来说可能就不会是什么负担，你能够更轻松地完成相应的工作。而某一维度的属性值比较低，也并不意味着从技术上你不能完成相应的工作，只能代表从天性和精力管理的角度，你完成相应的工作会让精力的消耗较大。比如，在大五人格测试中，如果你的外倾性特质显著低于均值，就意味着从事社交沟通类的工作对你来说是一种精力消耗要大过其他人的选择，你可能需要付出比旁人更多的努力才能做好同样的事情。

此外，性格测试的结果并不是一成不变的，而是会随着我们的工作经历和生活体验而逐步发生改变。我们的性格特质影响了我们的工作生活，我们的工作生活也在慢慢塑造着我们的性格特质。

性格特质 ⇄ 工作生活（影响／塑造）

以我个人为例，作为一个天生内向的人，我在性格测试中的外倾性特质一直很低。而伴随着工作的过程，作为业务负责人，我需要不断地对内协作、对外沟通和讲演，自己的外倾性特质得到了不断的打磨和提升。在最近一次测试中，我的外倾性特质已经趋近均值了。

既然已经明确了自己的性格特质，那么应该如何应对校招环节中的性格测试呢？网上有两派观点：一派是角色扮演派，另一派是本色出演派。

角色扮演派认为，我们能够大体上猜测出不同的岗位有怎样的偏好，就可以刻意地在对应的题目上表现出这一特质，从而塑造出一个符合公司要求的性格形象。比如，快消行业更倾向于那些表现积极、有争强好胜性格的候选人，当候选人的性格测试结果呈现出这样的特质时，就能够提升被录用的概率。

但是，扮演有风险，选择需谨慎。

首先，骗过性格测试没那么容易。为了保证产出结果的可信度，性格测试量表中通常包含很多考察角度类似、但题干表达方式和场景设定有所变化的题目。比如，在同一个性格测试中，会有如下两道题目，都旨在考察候选人本身的外倾性、随和性如何。

- 在微信群里，我一般都是安静地"潜水"，只会针对某些朋友的聊天内容回复。
- 刚到一家新公司工作，在午饭时间，我会和同事一起去吃饭，正好和同事打好关系，了解公司八卦。

但如果你是在扮演一个很外向的人，就有可能在不经意间使两道题目的选择结果南辕北辙。除非你能够刻意地在所有题目中都准确选择那个"公司需要"的选项，否则你的性格测试就会表现出"一致性低"的结论，即你在性格测试题作答中的行为是有显著偏差的。在过往的校招中，很多自作聪明的同学为了让自己呈现出具备某种性格特质而刻意作答，最终让自己败在了性格测试一致性低的结论上。

其次，性格测试不是为了束缚自我，而是为了认知自我，从而更好地扬长避短。我一再强调，很多拧着性子的岗位并不是不能做，而是有违本性，做起来太累。就像在学生时代，很多同学会发现自己对于某些科目心有余而力不足一样；走上了工作岗位，同样会有自己不太适配的岗位，这并非弱点，而是客观事实。即便你通过角色扮演的方式成功"忽悠"了性格测试、通过了公司的筛选，可你真的能够在岗位上数年如一日地扮演好一个适配岗位的"别人"吗？

所以，我建议大家在性格测试的过程中选择本色出演，如实地反馈出自己的性格特质。在参与校招之前，可以通过自我测试了解自己的性格特质，有了基础的预判和认知后，才能选择更适合自己性格特质的岗位。

把自己视作产品：互联网大厂求职、进阶之道

第二板斧：逻辑行测题

如果你对公务员考试有所了解，那你对逻辑行测题就一定不会感到陌生。逻辑行测题主要考察候选人的逻辑推理能力和语言理解能力，通常包括图形逻辑推理题、数字推理题和语言推理题等。

美国心理学家雷蒙德·卡特尔把智力分为晶体智力和流体智力两大类。晶体智力是指通过实践和学习能够后天习得的技能，如语言理解能力、判断力、联想力等；流体智力则是一种与生俱来的认知能力，即学习和解决问题的能力，如知觉、记忆力、运算速度、推理能力等。

逻辑行测题中的不同题型，就是对于晶体智力和流体智力的分别考量。比如，图形逻辑推理题对应候选人的逻辑推理能力，语言推理题对应候选人的语言理解能力。此外，由于测评的在线化，线上笔试系统还可以考察记忆力这样的流体智力。今天，各大厂对于应届生的笔试，尤其是非技术岗位的笔试，都会引入一部分逻辑行测题，以考察候选人的基础智力。

好在逻辑行测题是有相对固定的题型和题库（如SHL题库、北森题库）的。这就使我们可以事先进行练习，熟悉题目的结构和解法，将部分流体智力问题（学习和解决新问题）转变为晶体智力问题（处理有预期的老问题），从而提升我们的笔试成绩。

以SHL题库为例，SHL是全球权威的人才测评服务提供商。在世界500强企业的初阶岗位招录中，这一测评被广泛采用。其测试题库主要包含三种类型的题目。

- 图形逻辑推理题（Inductive Reasoning）：根据图形寻找规律，判断接下来的图形。
- 数字推理题（Numerical Reasoning）：根据图表和公式进行计算，判断正确答案。
- 语言推理题（Verbal Reasoning）：通过阅读文章内容，判断题目描述是否正确。

尽管不同的题目在表现上存在一些差异，但其基础的题目类型与解题思路是可以抽离和复用的。下面我们就针对这三类题型分别聊聊解题思路。本节最后还介绍了GBA，以供大家参考。

图形逻辑推理题

图形逻辑推理题通常是最让人抓狂的题目。如果没有事先练习，我们很容易抓不到重点，不知道该如何作答。通过大量的练习，我们能够整理出一些解题思路。

对称关系：上下、左右、对角线、镜像等。通过发现对称轴，我们可以对图形进行切割、补全和组合。

以下图为例，分类正确的是D。

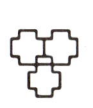

A. ①②③，④⑤⑥
B. ①③④，②⑤⑥
C. ①②⑤，③④⑥
D. ①③⑥，②④⑤

把自己视作产品：互联网大厂求职、进阶之道

其规律在于，题目中的所有选项都是轴对称图形，进一步看，图形②④⑤既是轴对称图形也是中心对称图形。所以，可以将六个图形分为两组。

旋转和移动关系：各个图形中的元素按照顺时针或逆时针方向，以一定角度进行旋转，或者沿着对角线或参考线进行移动。

以下图为例，移动正确的是C。

其规律在于，图中的凸形在沿着对角线进行移动和自转，所以在最后一张图中，凸形应该停留在右下角且朝向左，从而得到候选项A和C；而黑色方块始终和凸形保持在一列，间隔一个方块，从而在候选项里得到最后的结果C。

数值比例关系：将图中线条的数量、角的数量、笔画的数量量化出来，从而将图形转变为可以表征它的数值，这样就能将一道图形逻辑推理题转化为一道数字推理题。

以下图为例，问号处的正确答案是B。

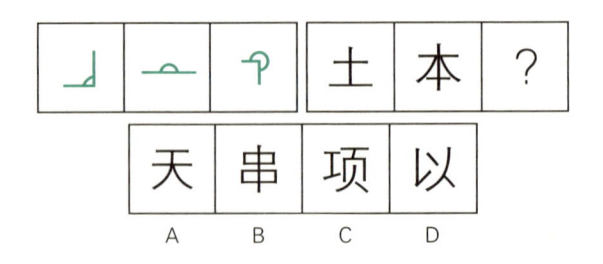

118

第二部分　叩开大厂门

其规律在于，左侧的三个角依次是90度、180度、270度，构成等差数列，而右侧的两个文字分别为3画、5画，那下一个文字应该是7画，从而圈定选项B。

组合关系：多个选项之间存在组合关系。例如，图一图二能组合出图三，图四图五能组合出图六；或者图一图二和图三图四分别组合后，能够得到同一个图形。

以下图为例，虚框处的正确答案是A。

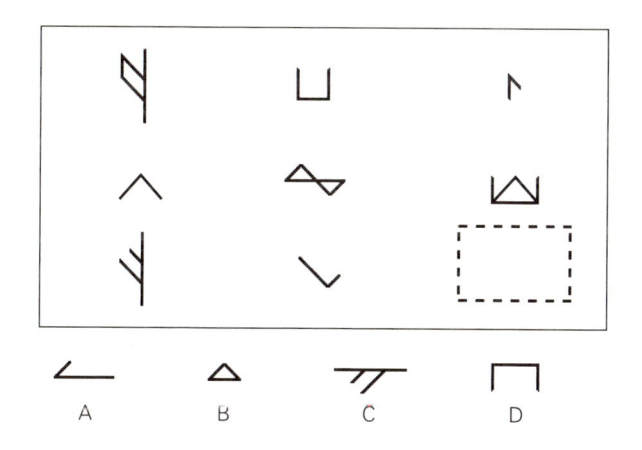

其规律在于，图中的图形存在组合关系。

- 第二行第一列＋第一行第二列＝第二行第三列。
- 第一行第三列＋第三行第一列＝第一行第一列。

那么，接下来就是看第二行第二列、第三行第二列和哪个候选项能够产生组合关系。从而得出：选项A+第三行第二列 = 第二行第二列。

119

对于图形逻辑推理题，似乎并没有特别好的办法，尽管有一些基础的解题思路，但是题型变化会千差万别。所以，只有下苦功夫、尽量多刷题，见过的奇葩题型越多，在面对问题的时候可借鉴的思路才能越多，从而更快地找到规律、定位选项。

数字推理题

数字推理题最常见的解题思路是找到等差或等比关系。通过对题目中的数字序列进行加减，或者跳过1~2个数字之后再进行加减或多级加减等方式，得到新的数列，从而得到解题思路。

比如：

题目1：0,1,6,15,28,（ ）

通过相邻两个数字相减，我们得到新的数列：1,5,9,13,（ ）

不难看出，新的数列构成了差值为4的等差数列，那么对新的数列来说，下一个值是17。代入原题目，得到的值是45。

题目2：1,2,5,12,25,（ ）

对于这道题，就可以进行多级求差：第一层是1,3,7,13,（ ）；第二层进一步求差，得到的值就是2,4,6,（ ）。从而逐级倒推，第二层求差的数列中的未知值是8，第一层的未知值是21，再代入原题目，得到的值是46。

数字推理题的第二种解题思路是分组。虽然呈现在同一道题目中，但是这些数字可以分为两组或多组，组间无关联，组内自己构成数列。我们可以通过观察数列，将其分为如奇数组、偶数组，或者通过前后对应两两分组等方式，从而构成新的关系。新的关系往往又是等差、等比和相等这一类我们熟悉的关系。

比如：

题目1：1,3,2,5,10,13,12,（ ）

对于这道题，就是通过前后对应的方式来将数字重新分组。1＋（ ）＝3＋12＝2＋13＝5＋10，从而得到未知值是14。

题目2：2/3,8/9,14/9,22/9,（ ）

对于这道题，我们先将2/3转变为6/9，就可以将分子和分母区分来看：分母都是9，分子之间每个数都等于前两个数相加之和，即14＝6＋8,22＝8＋14。从而得到未知值，分子是36，分母是9。

语言推理题

为了提升语言推理题的答题效率，建议大家参考四六级英文阅读理解的答题方式，先读问题后读文章，带着问题在原文中进行定向的查找。在回答这类问题的时候，请务必注意，只遵循原文的内容进行作答即可，而不要引入个人的引申和理解。

例子：

公众宣传是一种为吸引公众的注意力而在各类传播媒体上发布有关个人、团体或产品的信息的宣传方式。公众宣传有较大优势，如信息传播没有空间成本、可信度高等。新闻报道就是公众宣传的一种形式。读者乐于将报道的独立性与客观性相联系，认为新闻报道更有可信度。但不可否认选择公众宣传本身也有局限，如公司对产品的信息、播报时间等几乎没有控制权。如果公司在一个特定时期需要宣传，则很有可能因媒体未能及时报道而影响宣传效果。所以，公众宣传固然有优势，但也有其局限，它的发展只能说是差强人意。

Q：为什么人们更愿意相信新闻报道而不是广告？

A. 新闻报道更客观

B. 新闻报道数量多，报道鲜明

C. 新闻报道是独立的

D. 新闻报道的观众群比广告的观众群大

以这道题为例，我们就可以先找到题目的重点——更愿意相信新闻报道，然后直接代入原文找到对应的句子："新闻报道就是公众宣传的一种形式。读者乐于将报道的独立性与客观性相联系，认为新闻报道更有可信度。"

这里可能纠结的点是，究竟是选C独立性还是选A客观性。这就要对应到我们所要求的：只遵循原文内容，不进行额外延伸和理解。原文表达的是：独立性→客观性→可信度。我们只要选择最直接的原因即可，因为新闻报道更客观，所以人们会认为新闻报道更有可信度，从而选择选项A而不是选项C。

在准备逻辑行测题的时候，建议大家多刷题、保持语感和熟悉度。逻辑行测题和中、高考的题目一样，是有自己的出题套路的，做得越多，就越有机会总结出解题思路。且因为逻辑行测题的题库更新并不及时，时常碰到有同学在群里分享在线上笔试的时候遇到了自己刷过的题目的经历。

在线上笔试的过程中，大家需要注意总时间的分配，对于选择题基本上保持一分钟一道题的答题速度，碰到不会或没有思路的题目要及时跳过，这样才能让自己的时间分配更为合理，而不要因为一道过难的题目耗费太多时间，让自己没能完成剩余的考题。

GBA

在逻辑行测类题库的基础上进一步演化，就诞生了游戏化测评（Game Based Assessment，GBA）的方式。典型的GBA有Pymetrics、Arctic Shores的Skyrise City等。

在题目的呈现方面，GBA将测试题代入了游戏化的场景，并与手机PC交互相结合，使之具有完整的故事背景和游戏化操作。而在测评的考量方面，除回答本身的对错外，系统还会进一步记录候选人在碰到不同题目时的行为数据，如停留了多久、过程中的尝试是怎样的，从而试图给出更综合化的测评结果。以Pymetrics为例，在12道测评题结束后，系统会输出一份完整的测评报告，评估候选人在记忆力、情绪检测、风险承担、公平性、专注力等多方面的能力。公司基于这份报告来评估候选人是否符合岗位的要求。

由于GBA题目通常是付费的，大家很难在网上刷到题目，所以这里介绍一些题目来一窥其真实面貌。

换钱游戏1：你手中有10元钱，选择0～10中任意的数字并分给你的队友相应的钱。你的队友会收到系统支付的3倍的钱，并返还其中一部分给你。之后，系统会向你询问，你觉得对方给你的钱是否公平。

这道题主要考察候选人对队友的信任度和对待公平的态度，解题思路如下。

- 适度的风险控制能力。因为队友返还给你的金额是随意的，所以在每次给对方钱的时候，不要将你的支出设置得过高，可以将这个值控制为20%～40%。

- 对于公平的衡量度和宽容度。当队友返还给你的金额高于你的支出时，建议给对方公平的评价。

换钱游戏2：给你和队友各5元钱，然后随机在你和队友中挑选一个再给5元钱。这时，你可以选择向队友提供一定金额或索取一定金额，然后评价对方是否公平。

这道题的解题思路在于：表现出适度的慷慨，因为较低的慷慨度可能被视作团队争论的来源。每个团队都希望引入一些更开放、更乐于助人的新人。所以，同样建议给对方20% ~ 40%的金额。

气球充气游戏：给气球打气，每打一次气得到一定的金额累计，需要在适度的时候选择不再打气才能存够钱，否则将气球打爆后累计的金额就会被清零。气球通常分为多种颜色，每种气球的容量不同。

这道题主要考察候选人观察规律的能力。你需要以打爆气球为代价，观察出不同颜色的气球的容量是怎样的，从而在后续面对同样颜色的气球时遵循一致的方法和规律。

数字记忆游戏：从3位数字开始，每记对一个数字，下一关的数字就增加一位，每记错一个数字，下一关的数字就减少一位，直到答错3

次后游戏结束。

这道题主要考察候选人对数字的记忆能力。对于数字记忆游戏，可以通过日常练习来提升答题效率。在记忆的过程中，可以将数字以5个或6个为一组，通过默念的方式形成节奏感和短时记忆，从而提升效率。比如：

586485325614756

可以拆分为58648-53256-14756三组进行记忆。

表情识别游戏：通常会提供一个场景，如"在一个焦点小组访谈中，受访者正在观看企业的宣传片。请根据他们的表情，判断他们对于宣传片的反应"。关卡内包含一系列人的表情图片，你要基于图片来判断他们的心情如何，如生气、快乐、厌恶、惊讶等。

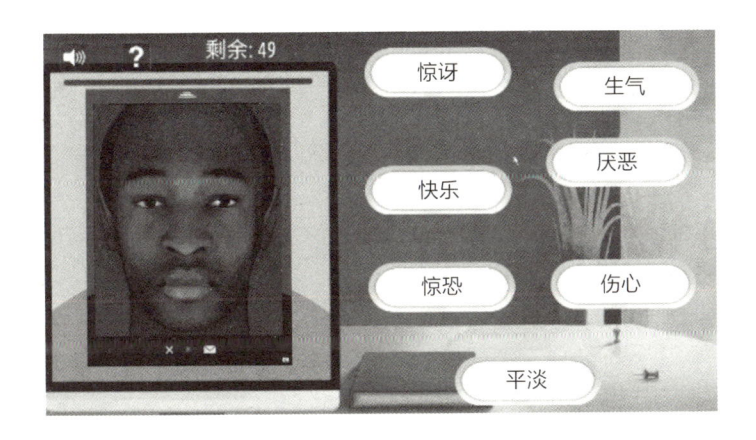

这道题主要考察候选人是通过面部表情和知觉，还是通过场景描述来判断一个人的情绪特征。当然，最理想的情况是，结合背景知识的理解来缩小候选集合，从而给出一个概率更高的选项。

汉诺塔游戏：将当前状态的汉诺塔，经过有限次的移动转换为题目中给出的目标状态。

解决汉诺塔移动问题,其实是有标准的解题思路的。

假设有 N 个串珠,A、B、C 3 个柱子,目前串珠都在柱子 A 上。对于目标 N,应将其不断设定为 $N-1$ 的目标。即,如果要将最下面的 N 号串珠移到柱子 C 上,那么 $N-1$ 的目标就是将它及它上面的所有串珠移到柱子 B 上;如果要将 $N-1$ 号串珠移到柱子 B 上,那么 $N-2$ 的目标就是将它及它上面的所有串珠移到柱子 C 上。

比如,如果有 2 个串珠,A、B、C 3 个柱子,目前串珠都在柱子 A 上,要把所有串珠都移到柱子 C 上。

1→B,2→C,1→C

如果有 3 个串珠,A、B、C 3 个柱子,目前串珠都在柱子 A 上,要把所有串珠都移到柱子 C 上。那么,阶段性的目标就是将 1 号串珠和 2 号串珠移到柱子 B 上。而如果要将 2 号串珠移到柱子 C 上,那么要将 1 号串珠移到柱子 A 上。

阶段 1:1→C,2→B,1→B

阶段 2:3→C

阶段 3:1→A,2→C,1→C

键盘敲击游戏:要求重复敲击空格键直到被系统告知停止,整个过程越快越好,敲击的次数越多越好。

这道题主要考察候选人的注意力。相信经过各种"红包雨"的洗礼或玩游戏讲究微操作的同学一定不会犯难,集中注意力不停地敲击键盘就可以了。

通过了解上述题目我们不难发现,在 GBA 题目中,很大一部分仍然是在考察候选人的基础能力,如反应速度、记忆力、准确程度等。

这类题目是可以通过相关的提前训练完成的，如汉诺塔游戏。而GBA中的另一类题目则具有较大的不确定性，如换钱游戏、表情识别游戏，相对没有固定的套路，只能提前了解，无法定向练习。

从"应试教育"里摸爬滚打出来的我们，只要有心，就可以通过大量的练习表现出自己对于系统的适配性，从而获得一个比较高的笔试成绩。

第三板斧：专业能力题

了解了性格测试和逻辑行测两类题目后，下面就要进入和公司岗位相关的专业能力题了。相较前面两类题目，专业能力题通常更加开放，并不会有标准答案。这类题目主要考察候选人对于行业、公司和岗位相关知识的储备情况及了解程度。针对这三个方面的答题范式将在后半部分简单介绍。

- 行业：公司所在行业的特点，公司在行业中的竞争位置，现在有哪些竞品等。我们可以通过对于行业的学习建立起宏观的认知，从而具备开放题的答题基调，即往哪个方向说。
- 公司：公司目前主要的产品有哪些，产品自身有什么特点，和竞品有什么异同。了解公司自身的特点和发展方向，可以让我们在答题的过程中有能援引的案例，即举什么例子说。
- 岗位：目标岗位应该具有的岗位知识，如产品认知能力、运营策划能力、数据分析能力等。通过学习岗位知识、刷题练习，我们可以掌握基础的作答套路，从而形成自己的答题范式，即按什么模式说。

1. 了解行业

了解一家公司，首先要了解其所在的行业。

通过了解行业，我们可以搭建起一个相对完善的认知框架：行业整体处于什么阶段，行业内有哪些公司，各家公司的市场占有率是怎样的，各家公司的侧重点有什么不同。只有建立起行业角度的宏观认知，才能帮助我们更好地理解公司或岗位在微观动作背后的决策依据，从而更好地预判公司未来的发展节奏。

比如，如果行业处在上升和快速发展的阶段，公司或岗位自然激进扩张；如果行业相对平稳发展，公司或岗位就会免不了形成稳定流程，进入精细化运营的阶段；如果行业遭遇寒冬，公司开源无望，就只能从节流的角度想办法了，那我们也可以趁早打退堂鼓、换一家公司了。

如何了解一个行业？三步法：读研报、提问题、找答案。

读研报。我们可以以"行业关键词+年份+研报"为关键词进行搜索（顺序可调换），查找相关的行业研报，先通过泛读研报建立起对于行业的基础认知。此外，我们可以通过修改年份，由近及远地搜索不同年份的研报，一层层看到不同年份、不同阶段的行业重点和变迁。

提问题。当我们初次阅读一个行业的研报时，一定会碰到许许多多陌生的名词，产生许许多多的疑问。把它们记录下来，我们就可以得到一张列满名词和问题的清单，这张清单就成了我们探究这个行业的"寻宝图"。

找答案。按照我们梳理出的名词和问题清单，借助搜索引擎进行逐个的查询和拆解。这个名词的定义是什么，是否是行业专有的概念；这个问题的常规解答是什么，有没有别的研报中提到过类似的问题。

当然，在前期探索的时候，问题集合很可能是开放的而不是收敛的；我们在找答案的过程中，既会解答之前的问题，也会不断提出越来越多新的问题。为了便于管理，我们可以将不同阶段的问题放到不同的清单中逐层去解答。基本上到了第三张或第四张清单的时候，清单的内容长度已经变得越来越短，而我们也逐步形成了自己对于行业的认知框架。

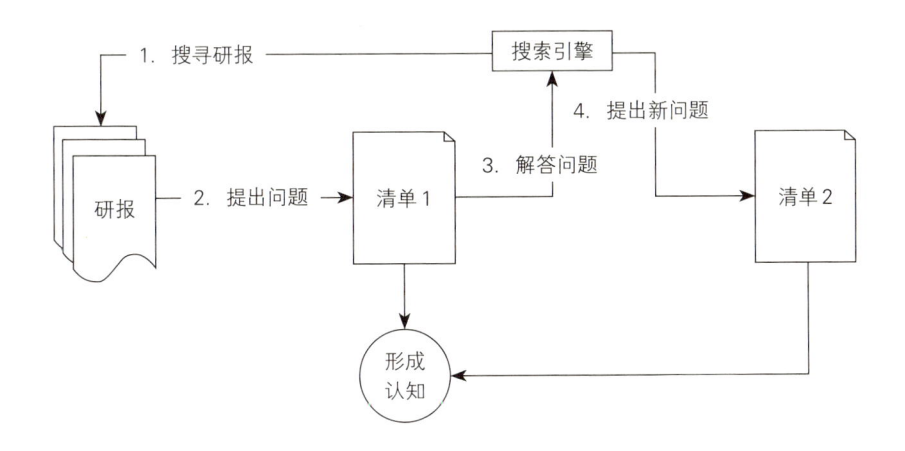

下面以飞书为例来演示这一理解行业的过程。飞书作为字节跳动推出的企业协同办公软件，主要关注企业内员工基于线上协同工作的效率提升。那我们就可以以"2021协同办公软件研报"为关键词在百度中进行搜索，以建立对于这个行业的认知。

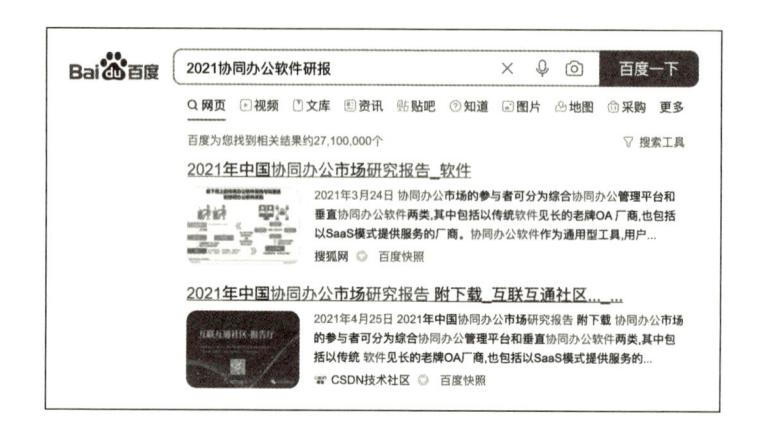

通过第一遍粗略阅读，我们捕捉到了如下关键词。

- **市场规模在扩大**：2020年中国协同办公市场的规模达到440亿元，新冠肺炎疫情带来了大量的新用户，预期市场规模会进一步扩大。
- **采购方式在转变**：企业系统软件是付费的，过往都是自上而下做决策，老板说要买哪一家就会买哪一家；而现在更多地出现了先在小团队里使用，然后推动老板开始决策购买的新的转变，即出现了自下而上做决策。
- **协同办公软件的图谱**：协同办公软件涉及很多领域，如文档协同、企业网盘、云视频会议、内容管理系统、综合协同平台等。
- **国内和国外的软件生态**：国外的生态相对更加开放，如 Slack 集成了大量的第三方工具；而国内的生态还相对封闭，存在一定的发展空间。

基于这些关键词，我们可以进一步结合目标公司提出问题并寻求答案。

- 飞书目前的市场份额如何？
- 飞书目前是被哪种采购方式驱动的？
- 飞书所提供的文档功能、视频会议功能和其他厂商有什么异同？
- 如果对标国外的Slack，那么飞书的开放性如何？

每个问题的提出都是帮助我们逐步了解一个行业的过程。在自问自答的过程中，我们开始对行业的探索和对问题的深挖。

2. 了解公司

如果将行业比作一条宽阔的河流，那么行业中的多家公司就像河面上的一艘艘船，千帆竞逐之下，每家公司都在通过自己的方式渡河，试图更快、更平稳地抵达彼岸。 作为河面上的一艘船，公司不仅要保持自己的平稳和高速，还要时刻注意其他公司的进展，从而发掘是否有学习和借鉴的空间。

所以，了解一家公司，可以从"由外而内"和"由内而外"两个角度观察及分析。由外而内，我们可以看看别的公司是如何做的；由内而外，我们可以看看自家公司又是如何选择航道的。借由这两个角度，我们可以更有针对性地回答如下问题。

- 公司在行业中的位置如何？
- 公司的主要产品是什么？
- 公司的价值主张是什么？
- 公司的竞品公司是谁？
- 公司的产品及其竞品的差异化表现在哪里？

我们需要圈定竞品公司的清单，观察清单上的公司都在做些什么。

什么是竞品？直观的理解就是存在竞争关系的产品，进一步可以分为直接竞品和间接竞品。

所谓直接竞品，是指服务商提供的产品或服务内容、瞄准的用户族群都是高度近似或重叠的。比如，饮料界的可口可乐和百事可乐这对"老冤家"，完美日记与花西子这样的美妆品牌。

所谓间接竞品，是指服务商提供的产品或服务内容、瞄准的用户族群是有间接性或替代性的。比如，可口可乐和百事可乐是直接竞品，但是和元气森林就是间接竞品；Lululemon和其他瑜伽服饰品牌是直接竞品，但是Legging裤对日常的裤装来说就是间接竞品。

以飞书为例，其直接竞品就是企业内部IM工具：钉钉和企业微信。参照Quest Mobile的数据，截至2021年10月，钉钉的MAU为1.96亿人，企业微信的MAU为8889万人，飞书的MAU为460万人。

而当进一步泛化协同办公软件的图谱后，就会得到飞书的间接竞品：石墨文档、维格表、腾讯会议、坚果云、语雀等。

确定了直接竞品和间接竞品后，就能够以竞品为镜来对标目标公司进行异同的比较，以更好地了解公司的特点是什么。一方面，我们可以查找公司相关的营销宣传文案，了解这家公司的价值主张、对外发布的发展方向是什么；另一方面，如果有机会，一定要体验一下公司的产品及其竞品，只有这样才能建立起更直观、更全面的认知。

首先，我们可以查找与飞书相关的新闻稿件。

比如，得到的创始人罗振宇在提及飞书时说："飞书带来了全新的工作逻辑。公司不再是一组业务的集合，而是一连串事件的集合，飞书文档则是'事'的具象载体。飞书实现了人围绕文档来转，公司用飞书便构建了以'事'为核心的协作组织。"以文档为中心的协作，就是这篇新闻稿件的要点。我们也可以基于此，后续去体验产品中关于文档流转、文档协作的功能设计。

其次，我们可以查找与竞品相关的新闻稿件，以及几款产品对比的新闻稿件。这是因为市场竞争高度激烈，各个大厂"像素级"竞品对标，我们越了解竞品公司做了什么，也就能越了解目标公司可能会做什么。这些了解和认知除在笔试中可以当作案例外，还可以让我们在面试的过程中更有谈资。

比如，我们可以搜索"飞书、钉钉"或"飞书、企业微信"这样的关键词，通过网上已经存在的分析稿件来比对目标公司的产品和行业竞品间存在怎样的差异。

在一篇名为《飞书的滑翔机起跑了》的文章中提到过：

"如果飞书的目标是中国企业办公的数字化，那要看市场数量最多的中小企业在痛什么。比如打卡，站在互联网公司的角度来看，可能觉得生产力跟打卡不相关。但是大多数中小企业需要的东西，可能就是签到、打卡、人事，或者工单培训、客户关系管理这些，钉钉就是这样起来的。

"但飞书信奉的行业最佳实践，是要把亚马逊不用PPT的会议模式工具化变成飞阅会，把英特尔、谷歌的目标管理方法变成OKR工具，这跟中小企业的'数字化0.1'签到、打卡加联系人完全不同。因为增长焦虑做一堆单品，去跟对手拼功能数量、拼价格，明显不是也不该是飞书的战场。"

综合对于研报和公司营销宣传文案的理解，我们能总结出飞书及其竞品的基础思路差别。

- 钉钉的基础思路是管理，通过签到、已读、DING的方式，从服务于老板的角度来设计功能。
- 企业微信的基础思路是沟通，最大的优势在于和微信的无缝对接。这就使很多直面客户的公司，如在线教育公司、新零售公司会优先使用企业微信，从而利用企业微信管理自己的微信客户。
- 飞书的基础思路则是协作。不同于钉钉从老板、企业微信从客户的角度出发，飞书是从员工的角度出发的。飞书通过将沟通及时转化为文档、待办事项、日历和纪要，从而更方便地进行协作。

只有明白了目标公司的业务价值观是什么，在面对笔试题目的时候，才能扣着这一价值取向进行回答。比如，如果让你回答飞书最该增加什么功能，你却回答一个从老板角度出发的完善打卡功能，岂不是和公司所认同的行业最佳实践南辕北辙了？

3. 了解岗位

如果说了解行业和公司更偏向领域型通用知识，那么了解岗位就更偏向专业型技能知识。

比如，如果要投递产品经理岗位，那起码对于用户需求、场景划分、数据衡量得有所了解；如果要投递运营岗位，那对于用户画像和常见的运营手段需要做到心中有数。针对每类岗位，我们都可以找到相应的垂类网站、公众号等进行学习和参考。

而在学习和准备的过程中，我们不仅可以建立起对于岗位专业知识的认知，还可以尝试抽离出一些答题范式，从而在碰到相关问题的时候，能够明确大致的分析思路和解题框架是什么。"像不像，三分样"，这样不仅能满足笔试回答的形式要求，还能让自己的作答看起来相对专业一些。

"互联网思维"席卷各行各业，这里给出一个所谓"互联网思维"的答题范式：用户场景需求三段论、ROI考量、高维打低维方法论。只要代入这些范式，就能搭建起回答互联网大厂相关问题的基础框架。

1. 用户场景需求三段论

用户、场景、需求，是我们进行用户需求分析时的基础产品方法论，概括来说就是：谁，在什么时空背景下，想要做什么。

- 用户是我们的产品或服务的最终对象。我们需要分析他们具有什么样的共性特质，如性别、年龄、身份等。在分析问题的时候，只有始终关注核心用户不偏移，才能做到不失焦、不跑偏。

- 场景是一个时空的概念。我们需要分析核心用户会在什么时间、什么场景下应用我们的产品或服务。一个人会在不同的场景下表现出不同的特质，而我们的产品或服务在设计的时候是否考量了这种特质，这是我们需要思考的问题。
- 需求。我们将用户的需求分为痛点、爽点和痒点。"痛点"是恐惧与欲望，是刚需；"爽点"是及时反馈，是及时性的愉悦与满足；"痒点"是愿景，是用户理想状态的投射。产品或服务至少需要抓住痛点才会有生存的空间，尽量追求痒点才能体现出品牌溢价，让用户将自己的理想状态投射其中。

同样以企业内部IM工具为例，我们可以先从用户的角度来看它们有什么差别。钉钉是从老板的角度出发，便于管理员工的；企业微信是从客户的角度（营销）出发，便于管理客户群的；飞书则是从员工的角度出发，便于员工协作的。所以，三者的核心用户分别是老板和员工、营销人员和客户、员工。

因为用户是有差别的，所以面对同一道题目的时候，我们的思路和回答也应该不一样。比如，有这样一道专业能力题：

对于钉钉、企业微信和飞书的日历应该怎么改进？

在这道题中，场景是类似的，即通过日历建立会议、待办事项的提醒项目。而因为三款应用的用户会有差别，所以对于需求的思考与认知角度就会发生变化。

- 对于钉钉，我们从管理的角度进行思考：老板希望看到什么？是参会的情况，还是会议后的记录和流程管理？那么，我们可以从会议完善到会议统计、会议纪要管理和自动化备案的角度思考改进空间。

- 对于企业微信，我们从服务外部客户的角度进行思考：希望外部客户被日历提醒到什么？这样，我们就可以将日历作为一种提醒机制，提醒大家加入特定的促销活动中。
- 对于飞书，我们从协作的角度进行思考：如何让日历会议上的成员更方便地进行交流？那么，是否可以从日历会议上，基于会议的参与者直接发起一个IM的沟通群，并自动创建一个线上的会议室链接，方便后续的项目对接和沟通？

结合公司的核心用户，从不同的场景出发，我们就能够梳理出不同的用户需求。尽管经过持续进行产品演化，各家公司最后落地在产品上的功能是类似或趋同的，但是出发点的差异会让最后功能服务的细节和着力点发生改变。

2. ROI考量

如果"用户场景需求三段论"说的是站在用户视角下，这款产品好不好用、用户满意度是否高，那么"ROI考量"则说的是站在商业化视角下，这款产品的成本收益结构是否合理，我们是否打平并取得了收益。**在各个大厂逐步放弃粗犷增长，转而追求营收效率的今天，我们在笔试中体现出对成本和收益的考量无疑是一个加分项。**

ROI，投资回报率，是Return on Investment的简写，用来衡量公司从一项投资活动中所得到的经济回报情况，其公式为：

$$ROI = 年利润或年均利润/投资总额 \times 100\%$$

通常，ROI > 1才代表我们的决策是有正向收益的。比如，持续性亏损的线下单车生意，很可能就不是一件ROI > 1的事情。

> 用户的绝对体验是有成本的，不只是单车，而是针对所有业务。互联网公司如果一味抱着用户体验思维去做美团这种生意，一定会倒闭。
>
> 王慧文
> 美团联合创始人

如果在笔试中，我们要做出补贴用户、以高投入换取市场规模的方案，就要随之给出进一步的解答：前期的高投入，我们是否能够在中期赚回来；或者某些产品本身就是作为引流产品存在的，利润的部分主要通过"羊毛出在猪身上"转嫁到其他场景下。比如，PC时代的360杀毒软件，杀毒是免费的，主要靠广告和应用商店获取收入；又如，对于各大母婴电商而言，奶粉、纸尿裤等产品大概率是赔钱的引流产品，先通过这些产品让用户留下来，再试图通过其他高毛利的产品来盈利。

比如，有这样一道专业能力题：

请你为飞书制订一场校园推广计划。

回答这样的题目，不管是线上的运营活动、公众号拓展、分享裂变等方式，还是线下的张贴海报、组织讲座、开放日活动等，都是合理且可行的解决方案。但如果在这个答案的基础上追加一部分对于成本和收益的预估及研讨，就能够显著地给答案加分：对于分享裂变活动的奖品投入预估是怎样的，对于线下的活动成本预估是怎样的，从而具体到每个新用户上，即我们为之付出的获客成本是怎样的。有基础体验、有收益衡量，这样的答案能够给阅卷官带来更好的感知，从而帮助我们获得更高的分数。

3. 高维打低维方法论

线下的商业地产讲究客流量，线上的产品或服务一样讲究流量。如何获取流量，从而让自己的产品或服务能够获取高曝光量，这是我们需要思考的问题。这样就会有引流产品和利润产品的差别，进而有了"高频使用、高认知度产品"和"低频使用、低认知度产品"的差别。

比如，在同类型用户需求中，如果你先做好了一个使用频率更高的产品功能，之后就能够向下兼容，"吃掉"那些使用频率相对更低的产品功能。典型案例就是美团以饮食外卖为一个高频的切入场景，逐步拓展了买花、买药等相对低频的场景。

在回答问题的过程中，如果碰到多种方案选择的情况，就可以遵循高维打低维、高频打低频这样的思路，优先选择那些影响面更大、使用频率更高的项目作为切入点，从而使自己给出的解决方案能够抓住重点、更有优先级意识。

比如，有这样一道专业能力题：

请你为飞书的功能改进制定优先级，并说明为什么。

这样的题目，本质上是在考量我们对不同事宜重要和紧急程度的预判。那么，哪些功能的影响面更大，哪些功能是用户使用频率更高的，就会成为我们回答的切入点和论述角度。优先完成影响面更大、使用频率更高的功能，可以使产品被更多人接受，形成广泛的认知基础，在此基础上进一步优化后续的功能和服务，这样才能收获比较好的效果。

把自己视作产品： 互联网大厂求职、进阶之道

基于对行业和公司的了解，我们知道公司在行业中占据了怎样的地位，公司的产品及其竞品之间的价值取向和定位有什么异同；基于对岗位的认知，我们学习了基础的分析思路，掌握了在回答与岗位相关的问题的时候应该使用的思维框架模型。

有知有行，**当你面对专业能力题时，就可以遵循开放题的"三有原则"——有名词、有框架、有案例，进行回答。**

有名词，我们需要在答题的过程中体现出与行业、公司、岗位相关的专有名词，该说用户体验的时候就说用户体验，该说获客成本的时候就说获客成本，市场占有率、DAU（日活跃用户数量）这些行业名词必然是需要覆盖到的，从而显得自己对行业有所了解和认知。

有框架，按照互联网行业的基础思维，利用用户场景、投入产出、高低维等方式来拆解题目，结合应聘岗位的不同提及交互的易用性、推广的普适性、内容的传播性等。只要遵循这些基本框架进行回答，就能使答案看起来更加专业、有逻辑。

有案例，不要让自己的回答停留在政治正确却显得太过空洞的层面。我们可以在答题的过程中列举一些实例来给回答以支撑。通过联系行业、竞品的实际情况，提出一些可能的落地方案，从而让整个答案更加具象。这样也会让阅卷官认识到你对题目的解答并不是套话，而是具有针对性的回答。

> **Tips**
>
> 面对性格测试题，扮演有风险，选择需谨慎。我们还是尽量选择本色出演，了解自己的性格特质，选择更适合自己性格特质的岗位。
>
> 面对逻辑行测题，多刷题、熟悉题目的结构和解法，就能够有效

提升笔试成绩。

面对专业能力题,先了解行业、公司和岗位,只有这样才能在回答题目时更加游刃有余。

"有名词、有框架、有案例",让自己的回答更加具象、更有针对性。

第十三章　如何应对群面

无论是准备简历还是准备面试，我强调的始终都是**用做产品的方式来对待自己的求职之旅：理解目标用户的需求，定向呈现信息**。

如果说简历主要从公司招聘JD的角度出发，在文本信息里命中关键词，有针对性地呈现出自己的优势及与岗位的匹配度以通过甄选，那么面试则主要从公司的需求和面试官的关心点出发，扮演好最恰当的群面和单面角色，从而帮助自己拿到Offer。

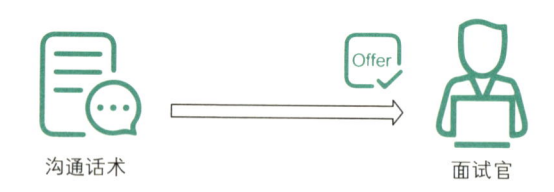

沟通话术 → 面试官（Offer）

面试分群面和单面两个环节。

群面顾名思义，就是一组人围绕一个统一的话题来进行讨论和汇报，它频繁出现在快销行业等面试场景中。一场群面通常由6～10个人组成，控制在20～30分钟的时间里进行。

之所以有群面，本质是公司为了降低面试官的时间成本，通过一场面试实现快速筛选的目的。在群面中，面试官通过观察不同候选人在整个过程中的反应，来考量各个候选人分析与解决问题的能力、团队协作能力，以淘汰掉那些表现明显不佳的候选人。

因为对公司来说，群面的落点在于淘汰而非择优，所以我们应对的策略是：<u>先确保不出错，再争取尽量出彩</u>。不要因为一些明显的问题让自己被淘汰，保证自己在上半区，从而顺利进入单面。

接下来，就让我们代入用户的视角想一下：站在面试官的角度，他们需要看到什么来做出群面筛选的判断？

首先是个人的产出和信息量。面试官需要看到候选人能够围绕问题带来有价值的贡献。作为求职者，我们是来产出业绩、让公司利益最大化的，而不是来人云亦云或做流程管理服务大家的。所以，一定要让自己参与到讨论中，围绕目标提出言之有物、有价值的信息，而不是太过平庸、没有观点的信息，或者只注重流程管理而缺少个人的产出。

其次是人和组织的协作。在公司内部，绝大多数场景下不需要孤胆英雄单枪匹马的作战，而是需要一支能够高效协作、相互启发的团队。公司衡量一个人的贡献会包括两个方面：这个人的个人产出；因为他的存在而给团队带来的增益。所以，如果在整个群面过程中表现得太过强势，抑制了团队成员的发挥，则可能给面试官留下这个人不好合作的印象，反而适得其反。<u>在群面中，与其一味追求主导或个人观点被普遍接受，不如让自己成为团队的催化剂，通过引导讨论、把握节奏、抛出问题、梳理结论等一系列可能的方式来推进团队高效产出。</u>

案例分析的典型解法

案例分析是群面的基础题型。面试官会提供一篇陈述某家公司当下境遇的文章，如竞争优劣势情况、产品现状或改进目标等，要求小组基于文章的信息进行分析，给出相应的解决方案，如市场营销、产品迭代、运营活动等。在解题的过程中，可能会穿插一些需要计算或估算的部分等。

对于案例分析，我们需要认清的是，在短短几十分钟内是很难产出一个足够全面的答案的，那么不妨先保证基础得分，再去追求更好的表现。

如何获得基础得分？抓牢三个点：**找重点、有观点、提亮点**。

找重点是案例分析的第一个阶段：文本的阅读和分析，即抓住题眼在哪里。

在拿到题目后，不要着急发表观点，磨刀不误砍柴工，先给自己和组员留出2～5分钟的阅读时间，把题吃透了：通过对文本进行阅读和分析，在纸面上标记出WHO（这个问题的对象是什么）、WHAT（这个问题的矛盾点是什么）、WHY（为什么会产生这个问题）。只有围绕这些要点梳理脉络、整理自己的信息和观点，才能让自己的发言有落点、不偏差。

很多同学为了争取表达的机会，往往过早地开启了观点输出，一顿表达下来，不仅没有明确的逻辑框架，更可能错失了重点信息。这种表达与其说是自我表现，不如说是自爆短处，而且多说多错，持续失分。

有观点是案例分析的第二个阶段：观点的输出和探讨。

既然要参与讨论，肯定要有自己的观点输出。我们要围绕自己梳理出的WHO、WHAT、WHY，找到自己有感触、有把握的部分阐述自己的观点，在发言中说明：我针对的矛盾点是什么，我给出的解决方案是什么，我为什么给出这个解决方案。

为了便于梳理思路，可以先将WHY的部分逐条列在纸面上，再对其进行调整，从而找到解决方案，思考：为什么这个解决方案对于这个对象是有效的，可以达成特定效果？那对于其他对象是否也可以？如果改变了对象，那么是否能够实现特定目的？对象有什么独特的优势是还没有被用到、有待挖掘的？

在表达完自己的观点后，认真倾听和记录其他人的观点，标注自己认可和不认可的部分。对于认可的部分，可以在其上进行完善和补充。比如，我觉得这个观点很好，可能补充某个案例和论据就显得更完善。对于不认可的部分，也可以说明自己不认可的事实性原因。比如，我觉得这个观点有待商榷，论证不是那么充分，基于案例中的某个情况，这个观点或方案落地是有难度的。在参与群体讨论时，最重要的是让自己的参与"有增量"：无论是赞同还是反对，都是基于事实出发，能给大家带来新的思考的。

需要特别提醒的是，**在群体讨论环节，既不要害怕有观点的冲突，但也不要从观点的冲突升级为情绪的对立**。面试管想要看到的，是有自我意识和自我判断的候选人，能够基于事实理性讨论的候选人，而不是人云亦云或对人不对事的候选人。

在我作为面试官的经历中，时不时会碰到面试者"上头"的情况：本来讨论得好好的，可是伴随着对某个观点的分歧，小组内一两个人的情绪越来越激动，声调也越来越高。大家把一个小组讨论生生变成了大型辩论会现场。接下来，经常出现"非暴力不合作"的现象，摆出一副"你们怎么定都好，我放弃抵抗"的样子。这样不仅个人很难得到好的分数，整个小组也会因为不能有效管理冲突而得到低分。

提亮点是案例分析的最后一个阶段：方案的整理和提炼。

在大家观点输出和探讨得差不多了之后，就需要进入整体方案的整理过程。首先要明确，大家是作为一个小组存在的，帮助小组取得高分才是符合每个人利益最大化原则的。所以，在这一环节，我们不妨将自己的视角进行转换，从方案的提出者角度过渡到方案的评价者角度：在讨论的过程中尽量尊重事实，不要敝帚自珍，去看看除自己的想法外，还有哪个人的观点是自己愿意支持的。

完成了方案的整理之后，还需要做的最后一个步骤就是提炼：**给小组的核心观点找到一个口号式的表达方式**。面试官在聆听的过程中，很难完整地捕捉和记忆面试者所陈述的全文。因此，我们需要给他们提供一个便于记忆的钥匙，通过这把钥匙他们才能更好地回溯和记忆，从而记住我们的汇报内容。

在论述的过程中，始终扣着这个口号式的表达方式，就能让论述过程更有记忆点。比如，我在本节中总结出的"找重点、有观点、提亮点"就是一种口号式的三段论，只要记住了这个，就能快速回忆起我所提倡的方法是怎样的。

比如，有这样一道案例分析题：

在余额宝等互联网金融应用大幅冲击传统银行的时候，传统银行应该如何提升存款量、扩大理财规模？

题目的辅助信息中给出了传统银行的存款量和理财规模，以及余额宝等互联网金融应用的存款量和理财规模。

第一步，找重点。我们需要对题干进行分析。

- WHO：余额宝和传统银行。

- WHAT：余额宝所代表的互联网金融应用抢占了传统银行在存款量和理财规模方面的份额。
- WHY：为什么会产生这个问题？
    - 用户：使用余额宝的多为年轻的用户，且正在逐步向年长的用户渗透。
    - 收益：余额宝的收益情况比传统银行高，且通过定向的活动降低了用户的购买门槛。
    - 渠道：余额宝的互联网渠道触达用户更便利、操作更简单。
    - 产品：余额宝本身可以支付淘宝订单，实现了购物和理财并行且不冲突。

第二步，有观点。我们梳理出题干的WHO、WHAT、WHY之后，就可以从如何对齐和改进的角度，对WHY里梳理出的条目进行调整。

对齐竞品：

- 在用户上，确定传统银行的用户结构，对标余额宝找到自己的优势用户。
- 在收益上，确定传统银行可以给付的收益率，只有对齐或超过余额宝，才能让用户愿意使用。
- 在渠道上，在线上渠道的应用层面对标支付宝，使产品的易用性得到提升，让App更好用。
- 在产品上，让短期理财账户能够同时支持银联快捷支付，使之既能理财又能支付。

当然，只有对齐是没有办法解决问题的，唯有改进才能缩小差距。那么，就需要从对象身上挖掘独有的优势，找到差异化竞争的方法。

产品改进：

- 在用户上，既然年长的用户还没有被余额宝抢走，就要进一步巩固这一人群，且围绕他们的日常消费结构和家庭结构设置对应的产品，来提升用户的黏性。
- 在收益上，降低用户的购买门槛，提高给付的收益率。
- 在渠道上，线下渠道的网点是传统银行独有的优势，通过网点触达用户，提升自己应用的安装率，并通过企业微信等方式来维护自己的私域流量，从而让信息更便捷地触达用户。
- 在产品上，余额宝的购买路径是从银行转账到余额宝，那如果不发生转账呢？我们可以从银行本身是发薪渠道入手，在发薪日提醒用户工资到账的同时，提醒用户进行理财产品的购买。

第三步，提亮点。我们观点中的核心部分，在于找到传统银行独有的渠道优势，通过线下网点渠道和薪酬资金渠道进行更前置的用户触达。那么，就可以围绕这个提出自己的口号——线上对齐、线下超越、资金截和，以三段论的方式提出自己的核心观点，并基于此展开方案的表述。

在群面的过程中，通过梳理WHO、WHAT、WHY得到解决方案，让自己的表达言之有物，对于问题有贡献、不出错，再争取更有表现机会的角色卡，让自己在流程管理和团队组织等方面的加分项得以体现，从而安全通过群面，赢得单面的通过卡。

角色分配和注意事项

通常，我们将群面中的角色划分为以下几种。

- 贡献者：没有明确角色，贡献想法、参与方案的讨论。
- 领导者：引导大家讨论、激发团队思考。
- 计时者：把控讨论节奏和各环节的时间。
- 记录者：将团队观点进行记录和分类。
- 总结者：汇总团队观点、梳理逻辑层次并完成最后的汇报。

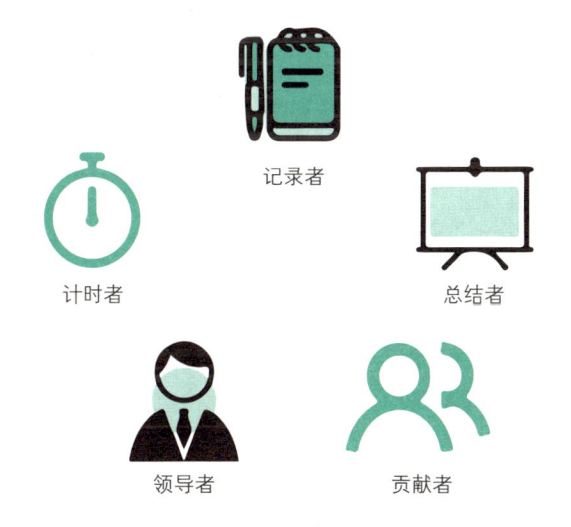

记录者

计时者　总结者

领导者　贡献者

考虑到拿到一张角色卡能够增加自己的"戏份"，所以在群面的过程中，我们往往会看到很多候选人花了很大力气来争夺角色卡，如领导者、总结者等；或者拿到了一张角色卡后，花了很多精力来记录、分类或计时，把附加技能当作主要工作。

如果你也是这样，不如从公司的角度想想看：这个岗位所招聘的究竟是一个运营或产品人员，还是一个会议记录人员呢？所有的角色体现的都是附加技能。比如，会议记录能力好是加分项，但是只有加分项而没有基础的表现，是否成了舍本逐末呢？所以，应先做好贡献者，再来追求额外的技能和表现空间。

群面中的每个角色卡，都对应着不同的注意事项。

贡献者：有增量、不顽固

从群面的考核标准"个人产出、组织协同"出发，每个人必须首先为问题的解决贡献出力量，成为一个称职的方案贡献者，然后附加各种流程上的角色，真正做到有增量、不顽固。

有增量是为了保证个人产出。我们要保证自己所说的内容是将讨论往前推进的，在发言的时候要注意承上启下，在收集和总结其他人已有结论的基础上，给出自己迭代的解决方案，说明自己在之前的结论里认同哪一部分，觉得可以迭代和改进哪一部分，并引导大家基于自己的内容进一步展开讨论。

不顽固是为了推进组织协同。在讨论的过程中，难免碰到意见不统一的情况。在这种场景下，请务必放下自己的好胜心，我们是作为一个群体进行讨论，而不是作为两支辩论队要争论出结果。在讨论的过程中抛出意见是为了将讨论引导到一个更好的方向，而不是争论谁是对的、谁是错的，以至于僵持不下。

我们可以在每个阶段都设置开放表达和统一认识两个环节。在开放表达环节充分表达意见，争取大家的支持；在统一认识环节始终坚持少数服从多数的准则，让团队能够基于一个共同的认知继续迭代。需要时刻谨记，对群体讨论来说，重要的是取得进展而不是原地打转,完成远比完美重要。

领导者:专业、不强势

首先,<u>一个好的领导者应该是一个业务能力过硬的人</u>。只有自身的业务能力过硬,才能有效识别出人才、挖掘出方向。当面对群面题目的时候,要判断自己对于该领域是否熟悉、对于题目的把握程度如何。在自己熟悉的领域里积极做领导者,在自己不熟悉的领域里保守一些做跟随者,无论是从团队来看还是从个人来看,这都是结果最优的解决方案。

但是,在群面的过程中我们经常看到,很多扮演领导者角色的候选人是"才不配位"的。他们对群面题目所涉及的知识和背景没有充分的认知,更多凭借着一腔热血成了领导者,但在讨论的过程中提不出有效的意见和建议,也不能很好地从结果导向引导讨论的进展。这样,虽然他们在群面环节成了领导者,但是最终并没有顺利通过甄选。类比纸牌游戏《斗地主》,如果你的手中只有一把差牌,又何必叫地主、抢地主呢?

其次,**一个好的领导者应该着眼于激发团队思考,而不是强势地控制团队**。有一次,我辅导一些同学进行模拟群面。在群面的过程中,领导者小鹿表现亮眼:从始至终掌握了团队的话语权,团队的思路是跟着他走的,总结者的发言是他帮忙改的。可是,在最后的打分环节,小鹿并没有得到太高的分数。

究其原因,就在于我们往往错误地理解了领导者。很多人将领导者理解为管理者,甚至将讨论过程变成了一言堂。但在今天的企业环境下,我们往往更需要的是以身作则、身先士卒的领导(Leadership),

而不是居高临下的管理（Management）。一个好的领导者应该能够在群面的过程中，有效地引导讨论方向、激发团队成员参与讨论并做出贡献，收获群体意义下的正面效果。很多很出色的候选人往往在领导者的角色上太过强势，反而抑制了团队成员的发挥。

计时者：按图索骥的流程把控者

计时者是一个讨论中的流程把控者，通过把控不同环节的时间，及时提醒大家总结阶段性的结论，使讨论不至于超时或脱轨。对于群体讨论中的时间管理，有大体的框架可依。

- 并行准备，2～3分钟，每个人分别准备自己的观点，并且最好在卡片上写下自己的核心观点，每个观点用一张卡片。
- 串行论述，每个人有1分钟的时间来论述自己的基础观点，后发言的成员可以在前面成员的基础上进行完善和追加。在发言的过程中，针对大家的观点可以逐步进行分类和归纳，从而实现一定程度的收集。
- 开放讨论，整个群体讨论过程中耗时最长的部分，在串行论述后，每个人都已经表达完自己的基础观点了，可以围绕几个有代表性的观点进行进一步的沟通和讨论。在争论不下的时候，要么搁置争议先跳到下一个要点，要么通过举手表决的方式快速总结结论。最终，能够得到一个群体都认可的框架结构。
- 归纳总结，大家达成共识，将讨论的结果落地为可以展示的方案，并给总结者留出一定的时间做最终内容的梳理和确认。

只要保持这个框架，就能让计时这项工作按照流程基本完成。

记录者：记录、理解、分类、再处理

一个好的记录者，不是一个字不落地记录下大家说了什么，而是要能够捕捉到大家在讨论过程中的核心观点和主要例证。其记录的过程，也并不是我们传统意义上理解的速记，而是一个"记录—理解—分类—再处理"的过程，完成对相近观点的归纳、矛盾观点的拆分、业务方案逻辑线的提炼。

在并行准备环节，为了方便观点的记录和理解，记录者可以引导大家将自己的观点写到卡片上，每张卡片只写一个观点，方便后续梳理。

在串行论述环节，记录者可以结合白板，运用卡片分类法，对大家表述的观点进行分类：基于卡片上的观点进行逻辑分类，这个观点是在说方面A、方面B，还是在说方面C；将不同人的观点进行异同的划分，相近的观点放到一起、不同的观点分别陈列、有冲突的观点明显标注。共性的内容在后续的环节不需要太多讨论，而只有差异性的部分才会是大家展开讨论的核心。

在开放讨论环节，记录者需要先发言，基于自己的记录和理解将已经梳理完成的分类呈现在白板上，寻求大家对于分类方式的共识。在取得共识之后，再适当地抛出自己在记录过程中发现的问题，如矛盾点、信息量比较多的方面，从而引导后续的讨论方向。

总结者：有理有据、自圆其说

在校招的群面过程中，常常见到最终环节大家分散表述的情况。尽管每个人都追求表现自我和表达观点，但是从总结陈述效果的角度出发，还是建议一个团队安排一个总结者，这样能更好、更一致地表达团队的观点。

在总结的过程中，始终要保持**在守时的前提下，遵循金字塔原理，按照重要顺序进行介绍：先说是什么，再说为什么，最后谈不足。**

先说是什么，让结论先行，可以结合口号式的表达方式给面试官留下记忆点。

再说为什么，把整理出的论据和观点有序地组织起来，在陈述的过程中需要注意表述清楚各个环节间的逻辑性关系。

最后谈不足，一场半小时或四十分钟的群面，很难把一个问题讨论得面面俱到。在这个时候，可以主动说出团队有哪个部分没想清楚或不确定，并提出可能的解决思路。这种示人以短的方式反而能够赢得面试官的好感，否则如果对自己不确定的部分藏着不说，万一被当场问到，只会落得面面相觑的下场。

☞ Tips

在群面中面试官想要看到什么？首先是个人的产出和信息量，其次是人和组织的协作。

应对群面的策略是：先确保不出错，再争取尽量出彩。通过找重点、有观点、提亮点，让自己的表达言之有物，从而安全通过群面。

每种角色都有自己的技能，保证基础的表现后，遵循角色的注意事项追求额外的技能和表现空间。

第十四章　如何应对单面

好的，恭喜你已经顺利通过群面，进入了单面环节。如果说在群面里，你要做的是不出错、确保顺利晋级，那么到了单面环节，就请充分展露出你的羽翼。我们要的是多出彩，以赢得最终的 Offer。

对于面试中的问题，我们可以粗略地划分为专业性和通用性两类。其中，专业性问题主要通过项目经历来考量候选人的硬技能，通用性问题更多考量的是候选人的管理能力、协作能力等软实力。对于这两类问题，我们可以遵循一定的套路进行提前准备。

准备专业性问题

在专业性问题中，如果是技术类这种有标准答案的问题，则相对简单，更像笔试题的口述版，只要掌握了解题思路，直接套用即可；而对于没有标准答案的问题，面试官大多希望从候选人对于特定项目的表述中，捕捉到候选人的思考与理解，并观察候选人在执行项目的过程中是如何应用技巧、解决问题并和团队协作的。

为了准备好专业性问题，我们可以通过事先复盘的方式来对过往的项目进行梳理，以面试官的角度发问，依次回答如下三个方面的问题。

- 项目还原和拆解。
  - 整个项目的流程是怎样的，包含哪些环节，每个环节的要点是什么？
  - 在这些环节中，哪个是关键的？
- 项目复盘和改进。
  - 尽可能客观地复盘项目的执行过程，如各个环节是怎么做的、做得是否到位，再看其中哪个环节有改进的空间、该如何改进。
  - 再进一步，如果跳出过往的执行方案，项目是否有其他可落地的方法？
- 个人成长和得失。
  - 在这个项目中个人锻炼和培养了什么能力？
  - 在这个过程中收获了怎样的经验？

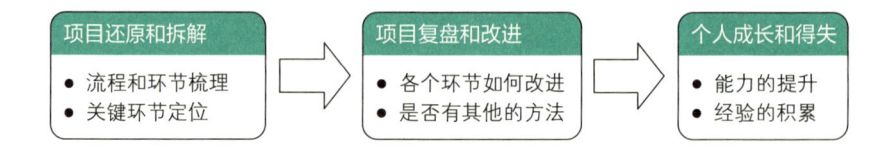

项目还原和拆解	项目复盘和改进	个人成长和得失
• 流程和环节梳理 • 关键环节定位	• 各个环节如何改进 • 是否有其他的方法	• 能力的提升 • 经验的积累

以一款产品的校园拉新过程为例，我们可以依次回答上述问题。

项目还原和拆解

这个步骤旨在让我们抽象和提炼业务流程。**从"着手做"到知道"怎么做"再到理解"为什么要做"，这个过程本身就是一个从具象到抽象，不断提炼的过程**。如果我们能够将具象的业务提炼为抽象的模型，就代表我们已经比较好地理解了业务本身是如何运转的。为了锻炼这个能力，我们可以有意识地通过"漏斗法"梳理业务的各个环节、厘清上下游关系，也可以通过阅读和学习获得行业经验，借鉴和套用别人已经抽离出来的业务范式。

Q1：整个项目的流程是怎样的，包含哪些环节，每个环节的要点是什么？

对于校园拉新这个项目，我们可以将整个流程分为如下环节。

- 种子获取：通过多种方式招募种子用户，这些用户是项目的启动流量。核心要点是种子用户的规模，种子用户越多，活动的起始声量也就越大。
- 分享曝光：种子用户在朋友圈和微信群分享海报，曝光给更多的用户。核心要点是种子用户的一度人脉量，选取越多好友的种子用户、选取日常打开量越大的公众号，整体活动的曝光量就会越大。
- 查看裂变：被种子用户触达的用户查看了活动，其中有部分用户参与到活动中来转发海报，从而实现了活动的裂变传播。这个环节也可以进一步拆分为两步。
  - 曝光→查看：核心要点是海报设计图有多吸引人，越吸引人的内容才会收获越高的"查看—转化率"。
  - 查看→裂变：核心要点是页面对于活动的描述和活动的奖励有多激发人，越有激发作用的活动才能吸引越多的人参与进来，开始转发和传播。

Q2：在这些环节中，哪个是关键的？

寻找关键环节，主要是为了提炼抓重点的能力。只有知道哪个环节最重要，才能以"二八法则"驱动，围绕对应环节做出调整和修改。

在上述环节中，最重要的是查看裂变环节。因为这个环节越有效，就代表扩散越迅速。以同样的起点，我们能够发动更多的用户参与进来并且自主传播，从而使雪球越滚越大。如果这个环节的效率不高，就像在运动的过程中碰到了非常大的摩擦阻力，传播过程很快就会停滞，不能起到足够的扩散作用。

项目复盘和改进

这个步骤旨在让我们回溯自己做了什么，并进行对症下药的改进。在这一部分的问题里，我们不能只是泛泛地说：还可以做得更好，还可以提升效率。而是应该落到具体的待办事项上来：究竟怎么做才会有切实的改观和提升。

Q3：各个环节是怎么做的，该如何改进？

同样以这个项目为例。

- 种子获取。
    - 做了什么：通过公众号招募了一批种子用户。
    - 如何改进：除了线上渠道，还可以争取复用公司的校园大使的线下途径，从而扩大种子用户的规模，增加活动的启动流量。
- 分享曝光。
    - 做了什么：将种子用户拉群，在统一的时间点下在群内引导种子用户将海报分享到朋友圈和微信群。
- 如何改进：事后复盘，发现很多种子用户在当天其实没有分享海报，可能是因为没有看到群内的提示消息。那么，除了在群内的引导，可以追加单聊的部分，推动种子用户分享。并且安排用户运营人员梳理种子用户的分享情况，进行二次提醒。
• 查看裂变。
- 做了什么：准备了三版不同的海报，根据实际的"查看—转化率"，选择了一版作为最终的传播海报。
- 如何改进：可以将种子用户分为两批，第一批种子用户先分别发布这三版海报，基于几小时后的数据进行优选，然后将选择出的海报分享给第二批种子用户进行发布。

Q4：项目是否有其他可落地的方法？

如果说Q3是在原有环节里找到效率提升的点，那么Q4就是希望打破原有框架，试图找到一个新的解决方案。过往成功的经验往往也是一个人未来取得成功的桎梏。所以，我们可以时不时地跳出来看看有没有别的解题思路。

以校园拉新项目为例，分享裂变是一个在新冠肺炎疫情的背景下，因为没有办法进入学校而提出的纯线上方案。但是，公司的工作人员没有办法进入学校，可学校里的同学本来就在校园里。我们可以通过下放物料、制定活动标准化执行模板的方式，在每个学校里找到活动的组织者，提供远程实习证明和项目激励，从而激发更多的同学参与到线下的活动中来。

个人成长和得失

这类问题也是很多面试官经常提问的。我们在一个项目的开展过程中学习到了什么？一方面，固然是具象能力的提升，即自己更擅长做某类项目了；另一方面，则是透过项目思考抽象的模式和方法论，即经验的积累。"既沉得下去也拔得出来"，只有这样的候选人才更能得到面试官的青睐。

对于校园拉新这个项目，我们不仅需要能够复述出整个项目的推进过程和迭代方式，还需要通过类比的方法，去看看这个项目和其他项目、其他领域的相似性在哪里。

比如，在一次面试中，一个同学就给我科普了这样一个知识。在传染病的防控上，有这样一个病毒传播公式：

$$\text{Custs}(t) = \text{Custs}(0) \times \frac{K(\frac{t}{ct}+1)-1}{K-1}$$

在上述公式中，t 是统计的周期，ct 是病毒传播的周期，K 是病毒传播因子，即一个病患能够感染几个健康人，$\text{Custs}(0)$ 是种子病患数量，$\text{Custs}(t)$ 是过了一个统计周期后增加的感染人数。将虚拟世界里的增长裂变映射到一个真实世界的传播公式中，两者的对比给了我们更多的启发。此外，如果感兴趣，还可以阅读《传染》这本书。书中提出了再生数（简称R值）的概念，指的是一个感染者平均可以引发新感染的人数。R值越大，疾病越容易暴发；R值小于1，那么新病例就会随着时间而逐渐消亡。R值的概念不就恰好对应了在分享的过程中，一个用户分享海报后，吸引了多少用户进一步参与活动和分享吗？

项目的回溯和自我拆解，不仅是为了应对面试的需求，也适合在日常工作和生活中周期性地进行。正是这种梳理把我们从项目截止日期的压迫中短暂地抽离出来：思考为什么要这么做，怎么做会更好。从遵循本能地做，到更有方法论地做，从而让我们可以更从容地应对未来的难题和挑战。

准备通用性问题

通用性问题部分，最有代表性的莫过于"宝洁八问"了。"宝洁八问"是宝洁公司在甄选候选人的时候应用的开放性问题，如今被各大厂广泛借鉴和应用，在校招的场景下尤为常见。这八个问题如下。

- 目标制定能力考核：请举例说明，你如何制定了一个很高的目标，并且最终实现了它。
- 领导能力考核：请举例说明，你在一项团队活动中是如何采取主动性措施，并且起到领导者的作用，最终达到你所希望的结果的。
- 信息梳理能力考核：请详细描述一个情景，在这个情景中你必须收集相关信息，划定关键点，并且决定依照哪些步骤能够达到你所希望的结果。
- 沟通能力考核：请举例说明，你是怎样用事实促使他人与你达成一致意见的。
- 协作能力考核：请举例说明，你可以和他人合作，共同实现一个重要目标。

- 创意能力考核：请举例说明，你的一个创意曾经对一个项目的成功起到至关重要的作用。
- 解决问题能力考核：请举例说明，你是怎样评估一种情况，并且将注意力集中在关键问题的解决上的。
- 学习能力考核：请举例说明，你是怎样获得一种技能并将其转化为实践的。

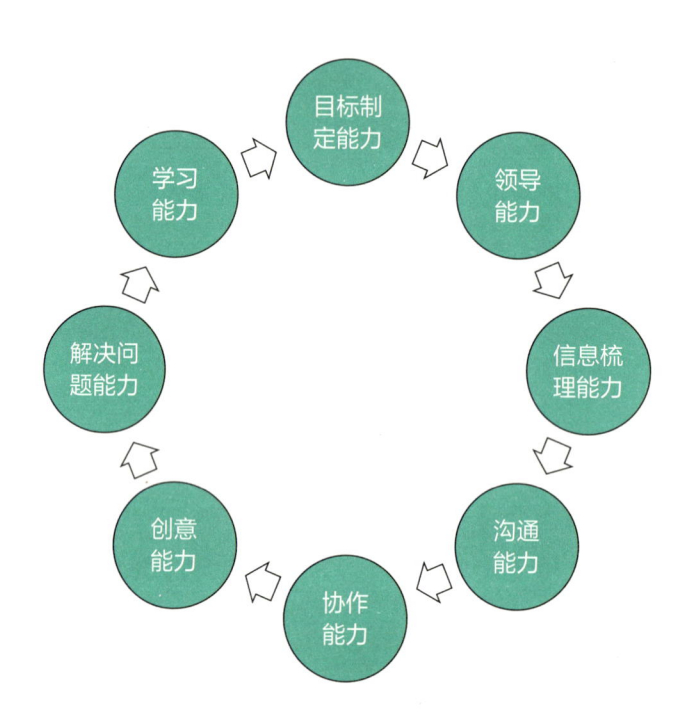

目标制定能力 → 领导能力 → 信息梳理能力 → 沟通能力 → 协作能力 → 创意能力 → 解决问题能力 → 学习能力 → （循环）

通过观察问题的共性结构可以看出，每个问题都需要候选人以例证来说明自己具有某项特定的能力。

为了回答这些问题，我们需要提前准备，找好对应的案例、列好回答提纲，以实现自我佐证。一个简单可行的方法是，选取自己做得比较出色的一到两个项目，从中找出可以全部或部分回答这八个问题的部分。这样，我们就拥有了一到两个"万金油"答案，无论碰到"宝洁八问"里的哪个问题，都可以响应和作答。

同样以校园拉新项目为例，对于"宝洁八问"可以这样依次作答。

目标制定能力

"请举例说明，你如何制定了一个很高的目标，并且最终实现了它。"

很多人错误地理解了题目中所谓的"高目标"，绞尽脑汁去想自己在项目中制定了怎样不切实际的目标，抑或是做出了什么惊世骇俗的举动。

然而，这里的"高"指的是相对意义上的高，而非绝对意义上的高。我们的切入点应该是自己在项目上所制定的目标相比过往的基线是怎样的，是否显著高于过往项目所达到过的高度。从这个角度入手，就能够显著拓宽可以陈述的案例。

我们可以这样表述：在拉新的过程中，过往的经验是单次活动能拉几百人，我将这一次的目标提高了30%，定在了千人的级别，并以此为目标进行后续运营动作的拆解。由此展开论述，为了达到这30%的增幅，自己做了怎样的努力。

领导能力

"请举例说明，你在一项团队活动中是如何采取主动性措施，并且起到领导者的作用，最终达到你所希望的结果的。"

领导能力不等于领导角色，并不是要求我们负责一个团队才可以作答。在一个项目小组中，只要我们主动为结果负责、负责问题的拆解、推进问题的解决，起到了领导者的作用，这同样是领导能力的体现。我们可以将广义上的领导能力视作一种更积极主动的协作能力。

我们可以这样表述：这个拉新的项目是在导师的指导下，由我和另一个组员具体执行的。其中，我负责的部分更多一些，包括运营方案和动作的拆解、过程的跟踪等环节，另一个组员主要负责其中的用户运营部分（分工情况，自己承接更多）。

在运营方案和动作的拆解上，制定了正常的运营方案，并将运营动作拆分为内容运营、用户运营两部分；在过程的跟踪上，每天下班前做一次数据的复盘，并基于用户的分享频率和海报裂变的效果，拉着另一个组员一起讨论后调整用户运营动作与海报设计图等。最终，实现了项目的圆满达成（积极协作，主动推进项目迭代）。

信息梳理能力

"请详细描述一个情景，在这个情景中你必须收集相关信息，划定关键点，并且决定依照哪些步骤能够达到你所希望的结果。"

在做一个项目之前，我们通常需要对用户和过往项目进行梳理与调研，从中得到可利用的切入点和可参考的方法论。我们可以通过对了项目的环节拆分，分别描述自己是怎么处理和准备各个环节的。基础的信息源有：网络开放信息、过往项目的梳理和总结、用户的调研和访谈、专家的咨询和访谈等。

我们可以这样表述：在项目开始前，我通过查阅过往的项目文档和网络开放信息，将一场裂变活动拆分为种子用户获取、用户分享传播、用户拉新激励三个环节。通过询问之前做过此类项目的同事，了解了每个环节可能出现的问题和"坑点",从而对环节做出了针对性的调整。以用户拉新激励环节的规则和奖品设定为例,基于过往总结出的问题进行了针对性的调整,一方面降低了"薅羊毛"的概率,另一方面选取了用户更偏好的奖品,从而提升用户分享的动力。

沟通能力

"请举例说明,你是怎样用事实促使他人与你达成一致意见的。"

沟通的目的是协作和解决问题。我们可以通过一个具体的场景来说明自己是如何说服特定的对象和自己协作、以获得资源的。可以从立场互换、事实陈述两个角度来表达。立场互换即考虑到对方的立场是什么、利益点是什么,基于对方的角度来说问题。事实陈述则可以说明自己是举了怎样的例证来向对方证实自己的说法,从而提升了项目的可行度的。

我们可以这样表述:在前期推动研发和设计资源的时候,我向对方阐述了这次活动的背景和规模比往期更大,会得到更多的资源倾斜(站在对方的立场上想,每个人都希望做有产出的事情),以及本次活动和以往活动的差异,用来证明独立的研发和设计是有必要及价值产出的。并且通过行业方案对标的方式(事实陈述)来说明,自己选用的方案是合理的。

协作能力

"请举例说明,你可以和他人合作,共同实现一个重要目标。"

协作是项目推进所必需的能力。人不能独立于群体而存在,一个人也没有办法脱离团队完成项目。所以,协作能力的例证应该是项目推进过程中最多的。我们可以从立场互换、流程管理、沟通能力和领导能力等不同的角度进行阐述。

我们可以这样表述：这个项目需要A、B、C、D四个合作方。在前述沟通中，我进行了背景的同步和重要性的阐明（立场互换，证明协作方做这件事情是有意义的）；在流程管理中，我及时跟进每个节点，保证事情不会脱序脱轨（流程管理），并及时将项目进展同步给协作团队（沟通能力）；在项目结束后总结产出，针对整个过程和协作团队一起复盘，赢得了大家的尊重和认可（领导能力）。

创意能力

"请举例说明，你的一个创意曾经对一个项目的成功起到至关重要的作用。"

通常，创意能力是最难表述的，因为对绝大多数仅有实习项目经验的同学来说，自己明明处在一个对于项目进行学习和上手的过程中，积累的也都是偏初阶和基础的操作流程，又怎么能够提出"对一个项目的成功起到至关重要的作用"的创意呢？

在这种情况下，我们可以退而求其次，不追求"至关重要作用"的创新项，而试图找到"起到作用"的创新点。比如，在项目推进中的新发现，在项目执行中有改进的小方法和小技巧，体现出互联网语境下的微创新。

我们可以这样表述：在项目推进的过程中，我发现最近一段时间大学生都在追某部特定的剧集，正好这部剧集是同一家公司推出的。所以，和导师沟通后，我和公司的另一个部门进行了沟通，赢得了对方部门的支持，将裂变活动的奖品修改为与剧集相关的签名周边，在活动奖品维持同样成本的前提下,使活动效果得到了显著提升。

解决问题能力

"请举例说明,你是怎样评估一种情况,并且将注意力集中在关键问题的解决上的。"

解决问题的部分相对好表述,即在项目推进的过程中,碰到了哪些切实的困难,是通过自学还是通过求助得到了思路,又通过怎样的方式使问题得到了解决。这里可以追加一个建议,不妨提及自己在解决问题之后,通过文档的形式将解决方案沉淀了下来,以便后续参考和借鉴。

我们可以这样表述:在项目推进的过程中,核心的环节在于如何提升海报的打开率,我翻看了过往的项目复盘,发现每次的海报打开率都不太理想。所以,通过参考网络上相关的文章和过往的海报框架结构,我将新海报与旧海报进行了对比,发现在海报字体和布局上的差异,重新设计了海报的基础框架结构(学习过程)。通过和设计人员沟通,一共尝试了三个版本的设计方案,并放到线上进行A/B测试。通过在线上的A/B测试验证发现,好的版本和差的版本有1%的打开率差别,而好的版本比历史打开率高2%,这使最终方案带来了10 000次的页面浏览量增量(实验过程)。在整个方案落地后,通过记录和复盘的方式,将方法论沉淀了下来(文档落地)。在后续的一些运营活动中,多版本海报模板成为大家在操作过程中的标配(持续的正面影响)。

学习能力

"请举例说明,你是怎样获得一种技能并将其转化为实践的。"

学习能力也是相对好表述的一部分。碰到一个全新的项目，如何上手、如何精进都是可以体现学习能力的部分。进一步，我们可以将学习过程细分为自主学习、参与培训、主动求教等不同的角度进行论述。

下面复用解决问题能力的案例，用来表述学习能力。我们可以这样表述：在项目推进的过程中，核心的环节在于如何提升海报的打开率。所以，一方面我翻阅了公司内部过往的Wiki（维基系统），向相关人员请教，收集并整理好的海报模板；另一方面在网络上搜索了相关的运营活动分析文章，从而了解了提升海报打开率的一般性原则，并将这些原则应用到了项目实践中，最终取得了比较好的效果。

如上，我们用同一个项目承载了"宝洁八问"的八个问题。参考类似的方式，我们可以用这八个问题去考量自己的每个项目。不同于专业性问题偏重逻辑拆解，考量软实力的"宝洁八问"偏重引导我们更主动地应对问题、更开放地推进迭代。

无论是专业性问题还是通用性问题，我们在回答的过程中都需要举出具体的实例与数据，明确结构化的思考，只有这样才能更好地取信于人。在回答的过程中，我们可以遵循STAR法则来调整与组织自己的语言和论述。

STAR法则是场景（Situation）、任务（Task）、行动（Action）、结果（Result）的缩写。即，我们每给出一个实例描述，都要将这个实例的场景、任务、响应行动和产出结果说明确。尤其是在产出结果部分，如果有数据作为佐证，就可以尽量提供数据，以使结果显得更加真实可信。

稳健应对面试过程

带着对于面试问题的准备，我们就可以和面试官对话了。无论是网络面试还是线下面试，基础的结构都是：候选人自我介绍，面试官针对简历进行提问，候选人可以提出自己感兴趣的问题。那么，在这样一个流程中，各个环节有什么需要注意的技巧呢？

自我介绍埋下钩子

在日常的场景下，面试官往往是从上一个会议或上一场面试中赶过来的。尽管他们之前阅读过我们的简历，可当他们坐在我们对面的那一刻，脑海里还停留在之前的任务中没有切换出来。这时，我们就要充分利用自我介绍的机会，帮助面试官完成思维上的切换，同时引导面试官进入我们的简历框架中，尽量使他们针对对我们比较有利的项目经历进行提问。

所以，在自我介绍环节，除将自己的学历和项目经历陈述清楚外，更重要的是进行话题方向的引导：可以列举一下自己做得比较好的项目，概述过程和成绩，以具体的案例引发面试官的兴趣。

比如，如果我们有在大厂做运营的实习经验，就可以在自我介绍的过程中额外强调："在实习的过程中，在导师的指导下完整地完成了一款产品校园拉新的项目，推文取得了超过10万次的阅读量，带来了上千名真实用户进行注册，注册用户规模比过往的活动提升了30%。"又如，在社招场景下，我们可以在自我介绍的过程中提及："解决了某个特定的问题，从而使所负责的业务取得了超过20%的增长。"

提及完成了特定项目、克服了特定困难，这些都是我们在自我介绍中留给面试官的钩子，引导他们基于此进行破冰发问。**当整个面试的破冰问题从一个我们非常熟悉的项目开启时，我们自然能够较好地应对，这也会为面试的后续过程打下一个良好的基础。**

不怂不杠应对追问

基于我们的学历和项目经历，面试官能够问出来的基础问题基本上已经在专业性和通用性两部分覆盖了。那么接下来，真正需要随机应变的，是面试官基于我们回答的种种追问。

如何更好地应对追问呢？核心在于不怂不杠。

1. 不怂

在面试的过程中，我们难免碰到侵略性比较强的面试官，即所谓的压力面试。面试官会以连环追问的方式来"挑战"我们的陈述。比如，这个问题你有考虑到吗？整个项目的前提是否不成立？每年我们都会在校招的"面经帖"里看到，某个人说在某大厂碰到了"恶魔"面试官，被逼问到压力极大，甚至还有候选人被当场问哭。

面对压力，人们往往习惯用感性的体感认知代替理性的逻辑判断，从而做出不利于全局最优结果的反馈。所以，面对面试官的"夺命连环问"，请首先做到不怂。要知道，在面试中对面试者施加压力只是对方的一个手段。面试官通过不断追问的方式来挖掘我们是否真的深度参与到一个项目里，有没有沉淀出自己的认知和思考。针对这个问题，如果之前自己有思考过，就可以如实作答；如果之前自己没有思考过，也可以直接说自己没有思考过，需要当场思考一下再给反馈。我们要始终避免自己被对方带节奏，为自己争取到一些时间，从而得出自己认知半径内的最优答案。

2. 不杠

面对压力,除了退缩,另一种常见的反应就是针锋相对,即针尖对麦芒,直接开始硬杠。面试官说我这个环节有问题,我偏要证明他的逻辑推断是错的。整个面试过程就会围绕一个有争议的点开始争论不休,火药味十足。

但是,当你和面试官硬杠的时候,是否记得自己是来面试的?**面试,是要用自己的表现来"赢得面试官的认可",而不是用自己的辩才"赢了面试官的观点"**。就像拍摄电影,我们要做的是尽可能让观众为之买单,而非指着他们的鼻子说:"这是艺术,你们不懂。"所以,当碰到有争议的问题时,可以在阐明自己的观点后,提议搁置争议,进入后续的议题,从而控制冲突的升级,保证面试的顺利推进。

正确提问获取信息

在每次面试的末尾,面试官都会问候选人一句:"你有什么关心的问题吗?"

那在这个环节,我们该如何有价值地提问呢?核心在于两个不要,一个要。

1. **不要问面试官无法有效回答的问题**

考虑到面试官的角色要求和公司规范,很多问题是对方碍于规则无法给你有效反馈的。

比如,关于自己表现好坏的问题。一方面,很多公司有相应的条例和机制，面试官一般不会当场给出面试结果的反馈。很多面试官会用相对含糊的说法给出反馈，如"我觉得不错，但后续还要和同事讨论一下""我觉得某些方面的描述可以更清晰一些"等。在这种情况下，我们很难得到足够有价值的信息。另一方面，岗位的面试掺杂了岗位需求的因素和面试官个人偏好的因素，是一个相对个性化的过程，在交叉面试的过程中，经常出现一个面试官觉得不错，另一个面试官觉得不行的情况。反馈的可参考意义和可泛化性比较有限。

又如，校招生经常询问的薪酬待遇问题。面试官不是HR，他们只负责对你的专业技能进行考核，以得出定级的结论。讨论薪酬是HR的工作内容，而不是面试官的工作范畴。

还有，经常有同学询问团队氛围、培养机制等。一个正常维护公司声誉和形象的面试官，只会向你表达团队氛围很好、有相对完善的培养机制，又怎么可能自揭其短呢？

2. 不要问宏大而空洞的问题

我经常在面试中碰到这样的候选人，他提出的问题立意极高，如"我想了解一下公司未来的战略是什么？公司目前碰到的最大的困难是什么"等此类宏大而空洞的问题。

面对这种问题，我通常只能推脱说：不好意思，不太方便回答。或者说：公司的战略可以参考一些公开的报道和公司的财报等。作为面试官，我非常费解的是，明明只是招聘一个初阶或中阶的业务岗位，又不是招聘CEO，为什么会涉及如此多的宏观战略问题呢？

直到某次和一些同学沟通过后，我才了然：他们的本意只是想表达自己不只关注局部技能和业务，也会关注大的行业方向和信息，所谓"既沉得下去也拔得出来"。只是这种表述方式非但没有达成"拔得出来"的效果，反而给自己造成了负面的影响，给面试官留下一个夸夸其谈、眼高手低的印象。

3. 要问具体且与岗位相关的问题

考虑到"天下JD一大抄"，各家公司的岗位描述大体上都长一个样子，我们可以充分利用向面试官提问的机会，进一步了解工作的实际内容和方向区分。

比如，如果投递了社群运营的工作，可以询问工作内容是否涉及销售的部分，业绩是否和销售额挂钩；如果投递了中台类的工作，可以询问在公司内中台和前台业务部门的协作方式是怎样的，彼此的边界在哪里。这些问题都旨在帮助自己构建起对于岗位更理性的理解和认知。

如果真的想表达自己对于行业方向的关心，那么可以结合面试岗位的工作特点，给自己看到的行业信息找一个具体的落点。比如：

- 宏大而空洞的问题：我想了解公司未来知识类视频的落地方案是什么。
- 结合具体业务的问题：我看到新闻说，前两天公司开了发布会，宣布会着力发展知识类视频。这个内容策略会对我面试的这个部门有什么影响吗？以内容运营的岗位为例，是否后续的工作重心会更偏视频类？

通过追问自己关心的、有信息量的问题来构建对于部门和业务的进一步理解，我们就可以顺利完成一场单面。当然，谋事在人，成事在天。面试是一个双向匹配的过程，存在很多不确定的因素。比如，候选人和面试官之间的气场是否合适、交流是否同频，双方的认知框架是否一致等，这些因素都会影响到最终的面试结果。所以，我们能做的是在自己可掌控的范围内，努力表现做到最好，并通过面试过程的自我复盘来不断纠偏和迭代，从而一步步提高胜率，最终赢得一个更好的结果。

网络面试小贴士

受新冠肺炎疫情影响，越来越多的公司将第一轮、第二轮面试搬到了线上，通过网络视频的方式进行面试会议。在国内，钉钉、飞书、腾讯会议都是比较常见的视频面试工具，各个招聘软件也都提供了自己的视频面试服务。

从线下搬到了线上，网络面试过程又有什么需要注意的事情呢？

首先，硬件条件很重要。

我在面试候选人的过程中，每个月都能碰到有两三个候选人迟到的情况。究其原因，不是软件出问题了，就是直播间的链接碰到问题进不来，状况百出，各种狼狈。所以，请提前下载对应的软件，确认软件能够正常工作、各种权限能够正常获取（比如，腾讯会议在共享桌面时需要申请额外的权限并重新启动）。在确保软件没有问题的基础上，在面试开始前5分钟左右进入在线会议室等候即可。

保证了顺利进入在线会议室后，在网络面试的过程中最怕什么？最怕网不好、听不清、看不到。一旦碰到网络卡顿的情况，双方的交流效率就会大打折扣。如果你应聘的岗位本身处在一个招聘者占优势的局面下，那网络面试的失分就很可能让你丢掉了机会。所以，请做好计划B，选择一个网络信号比较好的场所。如果网络信号不能支持正常的面试过程，则可以主动向面试官询问手机号，用电话面试的方式完成面试。总之，千万不要让硬件条件影响了信息的有效传递。面试对面试官来说无非是例行工作中的一环，但是对我们来说是一次重要的机会，所以千万不要凑合。

其次，充分利用在线工具的优势。

视频效果优势。如果自己所处的环境比较杂乱，那么可以通过软件的虚拟背景功能来呈现，不要再让面试官看到你背后的上下铺或出租屋里的沙发了；如果想要进一步提升个人形象，那么可以打开各种滤镜，使自己在屏幕上的形象呈现更好。

信息参考优势。在线下面试中，往往是面试官围绕简历发问，用纸笔做记录，而我们既不能翻书，也不能用小纸条；在面试迁移到线上之后，完全的闭卷考试变成了半开卷考试，我们可以充分利用计算机提供补充信息。在桌面上打开自己梳理好的项目列表和预设的问题答案文档，在被问到对应的问题时，可以直接套用，保证自己不会遗漏关键点。

信息呈现优势。对于设计类岗位、运营类岗位，还可以通过桌面共享的方式，将更多的作品直接展现给面试官，从而让其形成更深刻的印象。

信息永远会随着载体发生变化，我们面试的过程也会随着线上化进程的变化而发生新的改变和调整。但只要善用工具，就能给自己的表现增分添彩。

> **Tips**
>
> 通过事先复盘的方式来对过往的项目进行梳理，可以帮助我们更好地准备专业性问题。
>
> 基于一到两个项目，提前演练"宝洁八问"，让我们能够更从容地应对通用性问题。
>
> 遵循STAR法则来描述项目，以具体的实例与数据进行明确且结构化的思考，可以帮助我们更好地取信于人。
>
> 面试过程：自我介绍埋下钩子、不怂不杠应对追问、正确提问获取信息。追问自己关心的、有信息量的问题，能够让我们的单面更加顺利。

第十五章　持续迭代进大厂

当下，激烈的竞争似乎成了各行各业共同的主题。尤其在近几年，一边是大量应届生涌入就业市场，另一边是各家大厂纷纷聚焦主业开始缩编，校招岗位的竞争变得更加激烈。

在每年的就业辅导中，我都会碰到一些同学有着极强的目标感和极大的热诚，"咬定青山不放松"，一心想要进入特定的几家大厂。可是，事实并不会随我们的主观意愿而转移，站在供需市场的角度，大厂的招聘标准是客观存在的，很多同学在毕业的当时并没有那么匹配招聘要求。于是，我免不了扮演恶人，给好些同学泼冷水："对不起，按照你现在的条件，在校招的过程中是没什么优势可言的。你可以去试试，但是我只能说靠运气的成分比较大。"

对学生来说，能够在校招环节直接拿到大厂的Offer自然是一个很好的阶段性成果，但如果不能一步到位呢？那也不必气馁，且将目光放长远。

和学生时代有固定的剧本不同，进入职场后，我们就进入了一个没有固定剧本的开放世界。没有人规定我们在特定的时间里一定要完成什么事情，这就使我们可以更从容地面对自己的职业生涯：**将它放到一个更长的时间维度中去审视和衡量，让进入大厂成为自己阶段性的目标。**

一如前述，在招聘市场上，我们每个人都是待价而沽的产品，只有符合市场需求才能被接纳和认可。那么，既然在起步的时候未能如愿，不妨遵循"迭代"的思路，把自己视作产品，不断优化各项性能指标，让今天的职业积累给明天的自己带来更好的市场估值，一步步地让自己变得更具竞争优势，从而进入更大的平台、迎接更有挑战的岗位。

对新人来说，如何通过持续迭代进入大厂？

三步法：先入行再择业，保持自学不松懈，关注机会勇敢跃。

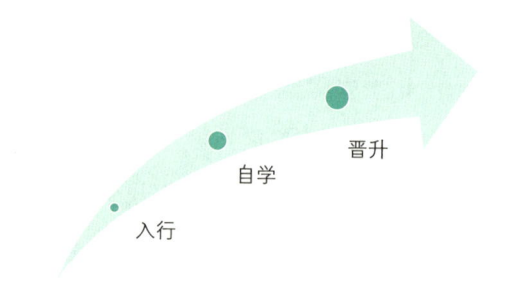

入行 → 自学 → 晋升

先入行再择业

虽然没能如愿进入大厂，但我们还是要参与工作的，那么在可能的工作机会中该怎么选择呢？

这里有一个通用的建议：先入行再择业。先优先选择一个相对热门的行业，再寻求公司内的晋升机会，或者公司间的跳槽机会。

原因何在？水涨船高、水大鱼大。

选择热门行业就意味着选择了汪洋大海。一方面，只有热门行业才能承载大型的公司，提供规模可观的就业机会；另一方面，热门行业也会吸引源源不断的新公司加入赛道，从而带来新的工作岗位。存量大、增量多，就共同制造了就业的流动性，给我们带来了晋升或跳槽的可能。

比如，在2019—2020年，最热门的就是消费品新零售行业。无论是因为头部公司业务规模的快速扩展，还是因为新晋玩家的大量涌入，都在岗位侧制造了大量的机会。如果你恰好从事与消费品相关的工作，那么在大量岗位需求的驱动下，你在行业中的沉淀和积累必然会快速升值，从而帮助自己晋升或跳槽。

又如，在2020—2021年，短视频运营、直播带货又成了热门的赛道。如果你从事相关的工作，并在行业井喷期积累到了相应的经验，就能成为炙手可热的候选人，被更多公司争抢。

巴菲特有一句名言："人生就像滚雪球，最重要的是发现很湿的雪和很长的坡。"之所以在择业的时候强调行业的热度，就是为了帮助我们发现这样一条有积累、有增值的湿雪长坡。

要知道，**对在职业起步期的年轻人来说，最怕的并不是工作辛苦，而是没有足够的上升通道，最难的并不是没日没夜地加班，而是个体的努力无法得到行业的助力。**以日本建筑师业为例，在泡沫经济破灭后，日本的公共设施新建量骤减，寥寥无几的大项目也往往被成名的大建筑师所包揽，大量的年轻建筑师根本接不到项目，从而不得不转向小型建筑或室内建筑。代入一下，你难道愿意在职业生涯伊始，就进入一个夕阳行业吗？

"行业不活跃、竞争不激烈、公司不扩张、老人不离职。"从一家资讯应用公司离职的赵铭如此描述自己的前东家。公司所在的行业相对平稳，几家公司都有自己稳定的市场份额和商业规模。于是，不增长的公司开始尽显疲态，一点点变得暮气沉沉：大家确实各居其位，工作却也太过按部就班，让赵铭看不到成长和进步的空间。如果你和赵铭一样，选择了一个具有"四不属性"的行业或公司，就只会让自己的努力徒劳无功，再努力也没有足够的上升空间和流动性。

选择了行业之后，我们就需要进一步选择岗位方向。可以从<u>经验的行业绑定度</u>、<u>能力的可复用性</u>两个角度去思考和选择。以B站、小红书这样的社区型公司从事视频内容运营的工作为例，社区型的工作经验构成了行业经验，视频内容运营构成了岗位能力。

经验的行业绑定度，代表了经验在特定行业内的价值。如果一个行业的经验的行业绑定度比较高，当新公司进入这个领域的时候，它大概率需要从这个行业原有的从业者里进行招募；如果一个行业的经验的行业绑定度比较低，那么新公司往往可以选择复用原有的员工而非重新招募。比如，一个候选人在社区型产品上积累了产品运营经验，这种经验就和流量型产品、工具型产品中的产品运营经验存在行业方向上的差别。

能力的可复用性，考量的是在我们转行时能力的普适性，即是否能够快速迁移到其他行业中。能力的可复用性越高，就代表你在前一个行业里的技能积累越容易用到其他行业中；能力的可复用性越低，则代表你的能力象限是沉淀在特定行业中的，如果换到其他行业则会有非常大的折损。比如，一个社区型产品的视频内容运营岗位，如果换到其他赛道中的公司，能够复用的就是内容运营方向的技能了。

所以，当面对一个工作选择的时候，可以从这两个角度分别打分，去评估自己更偏向于哪个岗位。比如，如果我们选择在线职业教育赛道，面对如下岗位——教研教案的课程研发、教育直播工具的工程研发、面向用户群的销售转化管理，它们的经验的行业绑定度和能力的可复用性分别是怎样的呢？

- 教研教案的课程研发，工作方向偏内容和教育。经验的行业绑定度高，但是能力的可复用性相对低一些。如果脱离了教育行业，则可能需要寻找与内容制造和编辑相关的工作。
- 教育直播工具的工程研发，以研发技术为主。经验的行业绑定度相对低一些，但是能力的可复用性高。如果不在教育公司工作，则可以跳槽到需要直播技术的电商公司、内容公司和游戏公司等。
- 面向用户群的销售转化管理，看上去更像两方面的平衡。一方面，在销售转化的节奏和付费利益点的设计上，会具有教育行业独有的经验；另一方面，如果从教育行业跳槽出来，过往积累的社群运营经验一样能够应用到其他需要私域运营的行业中。

先入行再择业，只有选择一条激荡的大江大河（行业经验），练好水性（岗位技能），才能顺利地逐浪下一个岗位和机会。

保持自学不松懈

不要以为学习只是学生的专利，走上工作岗位之后同样需要持续学习，为了持续保值或增值、为了追求晋升或跳槽。

只是职场人的学习方式相比学生的学习方式是不一样的：从以考试驱动、有标准答案的知识性学习转变成了以项目迭代驱动、没有标准答案的实践性学习。这也是在校招场景下，写简历时首要的是学校、专业和成绩，而在工作一两年之后的社招场景下，再写简历时首要的就变成了公司和项目产出的原因。实践性的学习成果，只有通过具体的项目规模和项目产出才能得到印证。

当我们走上工作岗位后，学习方式主要有两种：吃过见过、多听多看。

吃过见过，是指要经历过大而复杂项目的历练。

实践性学习需要经过真实的项目考验。就像运动员一样，如果没有经历过大的赛事，又怎么能说是一个合格的运动员呢？对很多职场新人来说，刚进入公司容易产生畏难情绪，因为怕担责任所以更愿意接一些确定且具体的小项目，觉得即便出错也不会有太大的问题。

可是，职场里的机会是有限的。学校有层级分明的练习册提供给你刷题，可以先完成低难度的再去做高难度的题目；而在职场中，项目数是有限的，好的项目机会更是转瞬即逝。在工作中，我们最常面临的事情就是赶鸭子上架，需要不断解决自己没有面对过的问题。如果赶上去了，就能够实现能力的飞跃；而如果错过了这个项目，下一个类似的机会说不定要等到猴年马月。

正是因为职场项目的有限性和不可重复性，眼界对很多职场人来说才成了不可多得的品质和稀缺的经验。只有切实经历过大而复杂的项目，处理过复杂的问题，才能更好地向下兼容、实现降维打击。

在给一些公司做产品业务咨询的过程中，我就能够很明显地感知到这种差距:小公司并非没有解题的能力,而是因为没有面对过复杂的系统,缺乏有效的解题思路,所以在面对那些大公司已经踩过坑、有成熟解决方案的问题上,依然在试错和摸着石头过河。

杀鸡用牛刀或许是一种浪费,但是解牛一定没有办法用杀鸡刀。这也是在相同的学历背景下,大家会更青睐那些有大公司背景的候选人,而在相同的公司背景下,大家会更青睐那些有漂亮项目数据的候选人的原因。

多听多看,是指要保持和行业的沟通与交流。

在公司内部要多干、多扛项目,在公司外部则要多听、多交流,听听、看看别人是怎么做的。不同于解一道数学题时,我们可以有充分的时间去尝试各种各样的解法;在工作中,受限于时间和资源,面对问题时我们往往只能从多条道路中选取其中的一到两条。但正确的道路显然不止一种,如果只了解自己公司的解题方式,只有一把锤子到处敲,未免有些一叶障目。"他山之石,可以攻玉。"通过和同行的交流,从他人的角度来重新审视问题,能够了解他人是怎么看待问题的,从而给我们更大的启发和助力。

通过和行业的沟通与交流,我们可以类比和借鉴不同业务之间的共同点。以会员制为例,在今天会员已经成了一种主流的2C消费模式,电商会员、视频会员、音乐会员等不胜枚举。它们在引导用户开通和续费的场景下有什么异同?成为会员之后是否会提升用户后续的消费频次和规模?怎么做才能提升会员的消费满意度?珠玉在前,有哪些是别人已经做过,我们可以学习和借鉴的部分呢?

在一次产品经理论坛的分享之后,一位听众小王主动找过来添加我的微信。寒暄几句之后,我讶异地发现,他居然是从另一个城市专门跑来参加这个产品经理论坛的。

"你也太拼了。"我感慨道。

"没办法，我的公司不太好，平时没有特别多学习的机会，就只能靠线上社群和各种课程来补补课。"小王回应道。

小王所在的并不是一家以产品驱动的公司，而是一家媒体型公司，他的日常工作是搭建CRM（客户关系管理）产品体系，帮助公司维系自己的粉丝。客观来说，这对产品经理来说确实不算是什么太好的选择。

而握着一手差牌的小王，却凭借自己的努力，演绎了一出逆袭大戏。在朋友圈里，我看到他每个月都会参加产品讨论或课程，每周都能看到他分享的书摘和读书笔记。

"老师，能付费咨询你一些会员产品问题吗？"一日，小王在微信上主动联系我。

"付费就不用了，回头我去你的城市出差，蹭你顿饭？"我回应道。

在和小王的进一步沟通中，我发现：虽然小王在公司内负责的只是一个不大的产品业务，但是他基于自己的学习和探索，在其中嫁接了很多创新和改进点。考虑到公司的内容产品越来越多元，粉丝规模也积累到一定的体量，他开始主动琢磨如何设计会员体系，不仅帮助公司拓展了盈利点，还给自己找到了更大的可以持续深耕的事情。

一年后，我在朋友圈里看到小王跳槽到某大厂负责会员产品的消息，在晒出的工牌照片下，我给小王留言："恭喜恭喜，功不唐捐。"

机会从来只会留给有准备的人。如何准备？吃过见过、多听多看！

关注机会勇敢跃

根据经验来看，一个新员工从接受一个项目开始，从熟悉接手到游刃有余再到迭代创新会经历如下过程。

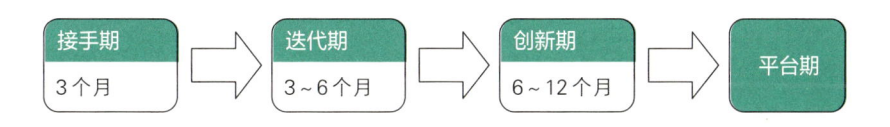

接手期	→	迭代期	→	创新期	→	平台期
3个月		3~6个月		6~12个月		

首先是接手期。参考各个大厂的新人培训计划和导师指导计划，对于已有的项目，作为新员工的我们需要花3个月左右的时间才能接手和熟悉基础流程，将别人的经验和指导消化并吸收为自己的技能及处理流程。

接下来是迭代期。经过一段时间的内化，我们已经可以非常自如地应对工作中的各种问题了。我们通过积累相关经验，在遵循别人方法的基础上，迭代出了一套更适合自己的方法。

进一步是创新期。在已有的项目基础上，我们对于项目的方向做出探索、对于项目的半径做出扩展。只有在这一阶段，我们才算将别人的项目内化成了自己的项目，基于自己的想法创新和探索。

最后是平台期。通过接手、迭代和创新，我们将项目做到了全新的高度，但随之而来的是一个新的瓶颈，工作中没有新的挑战，自己也一时失去了破局的想法。

通常，在一个岗位上，一个新员工经过两到三年就会到达平台期。那么，接下来就需要考虑自我革命了：毕竟，人是需要靠不断克服困难，才能收获足够多的"内啡肽"的。

首先，可以在公司内关注新的机会，晋升、业务线转换都是可能

把自己视作产品： 互联网大厂求职、进阶之道

的增量空间。其次，可以在行业内寻找更好的机会，如是否有新的竞争者进来或已有的大公司是否开始了新的业务，这些都给了我们可能的跳槽空间。最后，如果想要换一个行业去寻找工作机会，那么应更多地结合自己的能力复用空间去思考，衡量自己的沉淀在下一份工作里是否可以复用，评估下一份工作是否可以带来全新的挑战和成长。

在学校时，有年级的划分、绩点的要求，外界给我们每一阶段的成长都设定了目标；而进入职场后，就不再有外界设定的标尺，一旦放松对自己的要求，则很容易在每两到三年就陷入平台期而不自觉，在游刃有余中原地踏步而错过了继续向前奔跑的时机。

还记得吗？当年在校招中错失机会，向自己允诺要持续迭代争取更好的机会。还记得吗？当年在面试中被面试官问到哑口无言，向自己发誓早晚要找回面子。请不要让现在的自己陷入温水的包围，不要让未来的自己忘记过去的承诺。职业生涯就像马拉松跑步，你也许在起跑时没有能够加入大厂、占据相对靠前的位置，但是这场比赛只是开了个头，胜负还早得很。

先入行，投身到正在增长的行业中，去迎接更多的工作机会；再择业，定向地积累行业经验和岗位技能，从而在未来获得溢价；保持自学，不放过每一个和行业交流与学习的机会，勇于承担公司内可以历练自己的项目。而这一切的蛰伏，都是为了飞跃做准备，当我们面临新的大厂机会的时候，要勇敢地跳跃，对得起自己当年许下的诺言。

☞ **Tips**

先入行再择业，保持自学不松懈，关注机会勇敢跃。三步法让我们持续迭代进大厂。

第三部分
大厂初体验

恭喜你，顺利通过了校招的种种考核，终于收获了梦寐以求的工作机会。

但是，不要高兴得太早，学校和职场有着完全不同的运转规律。如果说学校是一个有着明确的教材、考纲和考试节点的有限游戏，职场就是一个没有明确节点、需要不断应变的无限游戏。

从有限游戏进入无限游戏，面对全新的游戏规则，想要赢得游戏胜利，你需要树立新的心态、学习新的技能。

- 没有人督促你，你需要更自驱。
- 没有人指导你，你需要更积极。
- 没有人安排你，你需要更自省。
- 学习如何开会、写邮件和汇报。
- 学习如何与同事协作、争取领导的支持。

校招的大幕已在背后落下，作为职场新人的你，新的征程正在眼前徐徐开启……

第十六章　两个问题开启职场人生

每逢9月、10月大学生批量入职时，公司都会有一场规模较大的入职培训。作为业务负责人的我，会向大家介绍公司和部门的业务情况及发展方向。面对一张张年轻的面孔，我禁不住回想起刚进浙江大学时，自己参加新生始业教育的场景。其中，最让人触动的是主讲人提到的竺可桢老校长的两个问题：第一，到浙江大学来做什么？第二，将来毕业后要做什么样的人？

同样，当我们开启职业生涯的时候，可以询问自己这两个问题：第一，到大厂来做什么？第二，从大厂离职后要开启怎样的人生？

只有以终为始，才能让我们更抽离地去思考自己想要什么、应如何对待自己的工作。

到大厂来做什么

我之前带过的应届生安娜，在公司工作满两年后提出了离职。手握不同公司Offer的她却犯了"选择困难症"，于是约我聊聊自己该去哪家好。而我也好奇，这个明明处于事业上升期的女生为什么会毅然决然地选择换工作，因此欣然赴约。

"为什么要离职呢？明明大厂的发展状况和你的工作内容都还不错

啊。"我问道。

"世间所有的相遇都是为了别离嘛。"安娜坐在我的对面，随意梳了一个丸子头，正夹了一块烤肉，头也不抬地回复道。

"所以，进大厂就是为了从大厂离职？你这是要集齐BAT工卡'召唤神龙'啊。"我笑道。

"错，不是集齐工卡'召唤神龙'，而是集齐技能点'召唤神龙'。"安娜回应道，"在大厂这两年，我把我感兴趣的、能够接触到的工作范畴都做过一遍，成了全面手。可是如果再待下去，一来公司结构太稳定，没有什么晋升空间，二来也没有什么我感兴趣的新业务可以尝试。倒不如换家新公司，既可以让自己过往积累的能力值一次性变现，又可以试试在新的业务场景下'打怪升级'，两全其美。"

"哦哦，那你真的是想得足够明白了。"我回应道，"不贪恋安稳熟悉的工作环境，本身就是一个十分开放、不断向上的选择。"

所有的相遇都是为了别离，对处于快速发展中的行业来说更是如此。

当我们把自己视作产品，保持一份迭代的心态来对待自己的职业生涯的时候，就会意识到：我们加入大厂，并不是为了给自己找一份打不烂、摔不破的"金饭碗"，要在大厂熬到"头秃"，熬来一份终身合同；而是为了让自己练就点石成金的"金手指"，将大厂的经历视作一段自我积累、自我增值的过程。

想明白自己和大厂之间互惠互利的合作关系之后，自然能像安娜一样更平和、平等地对待每份工作：**我们既不是来被所谓无情的资本家剥削的，也不是来混日子养老、薅公司羊毛的。**所以，我们既不需要剑拔弩张的对立，也不需要低声下气的依附。我们可以更积极主动地在工作中追求一种双赢的平衡：我们经由工作给公司带来收益，公司提供的机会也让我们实现了积累和成长。

如果某一天，这种平衡被不可逆地打破了，那自然也就到了别离的时候：感谢部门和公司过往所给予的机会，认真完成自己的工作交接，然后就可以拔足狂奔，迎接未来的各种可能性了。

从大厂离职后要开启怎样的人生

所有的相遇都是为了别离，所有的别离也都是为了更好地开始。

如何更好地开始？自然是基于过往积累的技能和成绩，去给自己争取一份更大可能性的工作。

在选择新机会时，如果能延续过往的经验，是最简单、最直接的选择，如从行业内的公司A跳到公司B，工作内容相对熟悉，但业务半径得到了扩大、收入得到了提升。而在实际生活中，我们所面临的问题可能要复杂得多：就像学生在考研时会考虑转专业一样，很多人在跳槽时也会考虑转行，面对更为纠结的选择。

安娜想要找我商量的问题也是如此："如果从经验的复用上说，我加入公司C是最好的，相当于在原有的工作上向前进一步。但是，现在的消费品市场那么火，感觉行业里快速上升的空间很大。我觉得自己过往在大厂的一些技能积累应该是可借鉴的，所以我也在想自己能不能更加决绝、干脆一点，直接投身到这个新行业里呢？"

一边是一份可以复用经验的新工作，另一边是一份时下火热、存在各种可能性的新工作。摆在安娜面前的选择题，同样会在未来的某个时间点摆在我们每个人面前。想要回答好这个问题，我们可以从投资行为中找到借鉴的思路。

普通人赚钱的方式可以划分为两种：一种是靠出卖自己的时间，通过工作赚钱，也就是踏踏实实地上班、创业；另一种是靠已经积累的资产进行投资赚钱，如炒股、买基金等。进一步，如果我们将依靠工作赚钱看作"肉身炒股"，那么两种情况就能够实现对齐：<u>一种是拿自己的时间作为本金进行投入，另一种是拿自己的资产作为本金进行投入</u>。

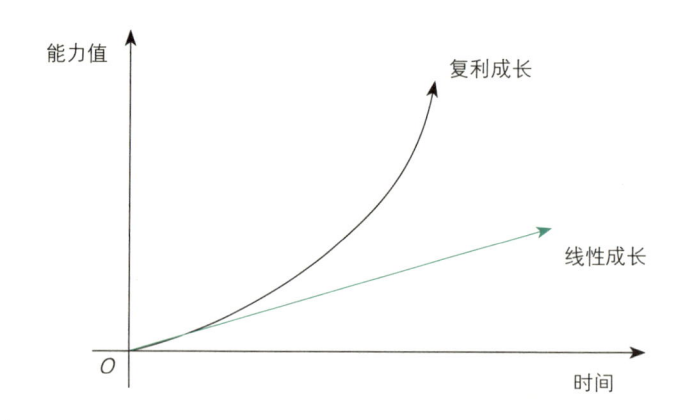

<u>想要获得高额的投资回报，核心点就在于"复利"：将自己有限的时间或金钱，持续且反复地投入同一个能够有正反馈的领域，就可以使今天的投资在明天赢得收益，在后天成为新的本金，从而让雪球越滚越大</u>。所谓复利成长思维，就是行动 A 能够带来结果 B，结果 B 又能反向加强行动 A，从而循环往复，通过正反馈系统持续加强。

厘清了工作可以被视作"肉身炒股"的投资行为，明白了投资中复利成长思维的价值，我们就能够更好地做出是否要换行业的选择。如果你真的看好一个行业，自然可以投资这个行业。我们唯一需要抉

择的，无非是选择用哪种资本进行投入，是自己的时间资本还是自己的金融资本，以及用哪种资本进行投入能够带来投入产出比更优的结果。

如果我们过往的知识和经验在新行业上折损不多，或者大有加成，且预期投入新行业之后会有进一步的提升，那么"肉身炒股"自然是一个不错的选项。但如果我们到新行业中需要从头开始积累能力，那么"肉身炒股"的投入很可能比资产投入要大很多。在这种情况下，倒不如换一个思考角度：在二级市场上购买相应的股票和基金反而显得比较划算。正所谓，看好一家公司并不是嘴上说说而已，要么加入它，要么成为它的股东。

在面对换工作要不要换行业这个问题的时候，除了考虑当下既有的经验是否可以复用，我们还应该结合行业的发展态势，去思考中长期自己的"本金"（个人市场价值）是升值还是贬值。我们选择持续留在一个行业进行深耕，自然是希望自身能力在增长、行业规模也在增长，从而水涨船高，实现更快的发展。如果个体能力确实在增长，但是行业在走下坡路，也只会落得"英雄无用武之地"的落寞境地。

我时常和身边的同学开玩笑道，如果我40岁失业，一定转行去做中医。原因无他，我一入行就是"老中医"了，自带年龄属性加成。举转行中医这个段子是想说明，在特定的行业里有些东西（如经验）是可以加成的，这就使我们的职业发展形成了复利。而在有的行业里，沉甸甸的经验却可能随着行业的落寞一并褪色。

一个正在我们身边发生的例子，就是智能手机对非智能手机的大规模替代：伴随着这种替代，你会发现过往围绕非智能手机的种种精妙设计已经逐渐失去了用武之处，那些围绕各种非智能手机零部件的加工制造岗位也渐渐失去了发展空间。当一个行业发生革命性变革的时候，越是在上一代产业里精益求精的岗位，越有可能被下一代的浪潮远远地抛在身后。

所以，行业的发展前景、自己转换行业的沉没成本、自己投入其中的预估收益，就成为我们面对跳槽时选择新的行业、新的岗位的评估要素。择业时想得越清楚，就业之后才能做得越坚定。

相遇与别离，循环与迭代

从一份工作换到另一份工作，从一个行业跃入另一个行业，我们都在用工作充盈着自己不同阶段的人生，也用过往的积淀塑造着当下的自我。只有用寻求双赢的平等姿态不卑不亢地对待每份工作，才能始终保持客观且中立的态度，阶段性地抽离出来去评价行业的潜力和自己的价值。

从平面上看，我们似乎只是从一个岗位跳到另一个岗位，始终在不同的岗位上工作着；而从立体上看，我们在每份工作中都有成长，在每份工作中都有收获，通过晋升或跳槽让自己实现螺旋式的上升，从而成就更好的自己。

以我自己的职业发展路径而言，就在不断切换工作、不断切换行业：计算机专业应届毕业后进入百度，成了一个沿袭专业方向的搜索架构研发工程师；之后到创业公司凯叔讲故事，从负责研发搜索架构转向负责研发产品；再到今日头条，彻底转行做策略产品，跟上了算法推荐这波浪潮；再到知乎，进入了内容付费和教育赛道，开始不仅关注产品研发,还需要负责综合的业务,如内容制作、运营和2C销售工作;再到Boss直聘,负责以策略的方式提升招聘过程中的效率。

每次改变对我来说都或多或少有着职能或行业的改变,而正是这种改变让我变得更加从容与平和:通过一次次工作岗位上的探索和尝试,我开始明白自己擅长什么、不擅长什么,我需要和怎样的组织及团队适配,才能更好地发挥出自己的优势、更好地贡献产出。

相遇与别离,是一种循环,更是一种向上的迭代。

Tips

把自己视作产品,保持一份迭代的心态来对待自己的职业生涯。

我们可以更积极主动地在工作中追求一种双赢的平衡:我们经由工作给公司带来收益,公司提供的机会也让我们实现了积累和成长。

以"肉身炒股"的心态对待自己的工作选择,追求"复利"的实现。

择业时想得越清楚,就业之后才能做得越坚定。

第十七章　用OKR管理你的职场人生

OKR是什么

目标与关键结果（Objectives and Key Results，OKR）是一个用于明确阶段性目标、制定量化衡量标准、定期追踪完成情况的管理工具。这一管理工具由英特尔公司创始人安迪·葛洛夫发明，并由约翰·道尔引入谷歌使用。随着OKR方法在谷歌的广泛应用，越来越多的互联网公司开始使用这一方法来提升自己的团队工作效率。

不仅很多公司用OKR来管理工作和项目，越来越多的人也开始用它来管理自己的个人精进目标，从而让自己变得更自知、更自省、更自律。

OKR在应用的过程中可以拆分为三个部分：O（Objectives，目标）、KR（Key Results，关键结果）和T（Tasks，任务）。三者之间的关系如下。

- 目标（O）通过关键结果（KR）来拆解和量化，只有实现了关键结果（KR）才能说明我们达成了目标（O）。

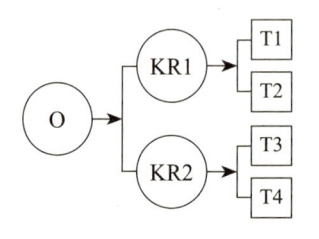

- 关键结果（KR）需要拆解为一系列具体可执行的任务（T），只有完成了这些任务（T），才能实现关键结果（KR），进而达成目标（O）。

举例而言，我们的个人精进目标可以是：学好英语。

如何衡量学好英语呢？和外国人流利交流？

这个衡量标准看似说得过去，可是禁不住推敲。交流什么内容？是日常生活，还是专业方向？怎样算流利？是我说的他都懂，还是发音标准、语法正确？就如我一再强调的那样，唯有公允、可衡量的标准才能阐明我们的项目产出。对个人精进目标来说也是一样的，我们需要尽可能找到一个无偏差的衡量标准才能充分阐述。这个衡量标准可以是雅思考试拿到7分，也可以是背会1万个单词。雅思考试拿到7分或词汇量达到1万个，都是可量化的关键结果。

进一步，为了实现这些可量化的关键结果，我们还需要拆解出一系列的任务。比如，每天背40个单词，每天听半小时的英文VOA（美国之音），一周做一篇模拟考试习题等。

等等，这不就是关键绩效指标（Key Performance Indicator，KPI）吗？这不和我们准备雅思考试、准备考研或公考的场景类似吗？为了达成"考到一定分数线"的KPI，我们同样需要安排一系列的工作，同样需要每日早起晨读、每周练习做题。

只要对比KPI和OKR就会发现，从某种程度上讲，KPI和OKR中的关键结果部分会更加接近：都是数据化的指标，都需要被进一步拆解成各种任务。真正让两者产生差别的，是OKR的根源在于目标或愿景驱动，有了目标之后才会有进一步的关键结果。比起KPI多用于那些有路径可以沿袭、容易定量考核的成熟场景，OKR更适合那些自驱度高、不确定性强的发展场景。

因此，如果我们需要考试刷分，以"雅思考试拿到7分"为目标，就更像给自己安排的一个KPI；而如果我们更自主地以"学好英语"为目标，只是选择用"雅思考试拿到7分"来检验自己的学习成果，就更偏向于OKR。

套用刘润老师的一个比喻，KPI是秒表，OKR是指南针。开放与封闭、自驱与非自驱、自主安排与被动布置之间，就构成了OKR与KPI的区别。

以互联网公司为例，大家每天都在解决开放性的命题：如何让用户的满意度更高，如何进一步提升用户在细分场景下的体验等。这些命题只提供了开放的方向，却并没有具体可以遵循的解决路径，就更加适合选用OKR的方式。因此，OKR机制大多应用于互联网公司里，如Facebook、字节跳动、腾讯、美团等；而在传统公司里，往往倾向于使用更契合业务发展特点的KPI机制。

那么，对于即将进入大厂的你而言，更适合选用哪种方式呢？大厂的工作环境持续变化，而非一成不变，未来发展充满各种可能性，需要更多自驱。就如我一再强调的那样，你需要把自己视作一款不断迭代的产品，提升能力、适应变化，用OKR来管理自己的职场人生。

如何将OKR用于自驱

用OKR来管理自己的职场人生，分为设定目标和关键结果、拆解任务并执行和定期复盘三个步骤。

设定目标和关键结果
OKR是一个可以按照层级维度和时间维度逐步拆解的工具。

按照层级维度，我们可以通过逐级向上对齐的方式设定目标。在公司里，应让部门的目标能够支撑公司的目标，再让自己的目标能够支撑部门的目标，从而使自己的阶段性目标不偏离主目标。

按照时间维度，我们可以分别制定半年目标、双月目标，从而将一个大目标一步步拆解成小目标，再进行针对性的努力，从而让目标产生整体的协同作用。

按照层级维度和时间维度，我们可以先为个人的职业生涯设定中长期的职业发展目标。它可以是实现财务自由，可以是成为某个领域的专家。正所谓"罗马不是一天建成的"，这个中长期的职业发展目标可以被拆解为一个又一个小目标，从而使它看起来不那么宏大，也不那么令人生畏。

日本马拉松冠军山田本一跑马拉松的经验，或许值得我们参考。在他看来，跑马拉松并不仅是单纯依靠体能和锻炼，而更多是凭借将目标有效拆解的智慧，只有这样才能战胜对手。

他说："每次比赛之前，我都要乘车把比赛的路线仔细地看一遍，并把沿途比较醒目的目标画下来。比如，第一个目标是银行，第二个目标是一棵大树，第三个目标是一座红房子……这样一直画到赛程的终点。比赛开始后，我就以百米的速度奋力地向第一个目标冲去；等到达第一个目标后，我又以同样的速度向第二个目标冲去。40多千米的赛程，就被我拆解成这么几个小目标轻松地跑完了。起初，我并不懂这样的道理，我把我的目标定为40多千米外终点线上那面旗子，结果我跑到十几千米时就疲惫不堪了，我被前面那段遥远的路程吓到了。"

由此可见，**宏大的职业发展目标并不是不可触达的海市蜃楼，只要经过有效拆解，日拱一卒，我们终将抵达彼岸**。通常，我会建议以双月的维度来拆解目标，时间既不会太短，使很多工作内容无法取得阶段性的成果，也不会太长，让我们感觉目标的达成遥遥无期。

比如，如果你的中长期职业发展目标是成为一位行业专家，那么将这个长线目标拆解下来，就可以一步步地倒推成长路径：首先成为项目上的多面手，其次成为项目上的负责人，然后成为公司内的专家，最后成为全行业的专家。基于长线目标拆解出阶段性目标，并在一段周期内为实现这个目标而努力。

有了目标之后，接下来就进入拆解关键结果的阶段。如果说目标更贴近一种抽象的描述——我要成为一个怎样的人，我要达到一种怎样的状态；那么关键结果则是一种具象的度量——我需要实现什么具体的产出、取得怎样的成绩，才可以衡量和佐证自己达成了目标。

比如：

- 如果目标是我要让自己的英语水平变得很好，那么关键结果就可以是雅思考试拿到7分。
- 如果目标是我要让自己学会弹钢琴，那么关键结果就可以是能够完整地弹出几首曲子，或者钢琴考级通过几级。
- 如果目标是我要让自己能够跑完半程马拉松，那么关键结果就可以是让自己能够以一定的配速跑完一定的路程。

当然，并不是说雅思考试拿到7分就一定是英语学好了，也不是说学好英语只有雅思考试拿到7分这一种衡量方式。量化的关键结果虽然可能有一些偏颇，或者侧重于某个侧面，但是作为阶段性的衡量方式是可行的。终归，它使一个抽象的愿景转化成了具象的指标。

拆解任务并执行

在明确了目标和关键结果之后，我们就该将自己为了实现关键结果而总结的任务更完整地梳理出来，让自己具有明确的可以着力的落点。

比如，想要雅思考试拿到7分离不开具体的准备和学习：需要背多少单词，需要完成多少次模拟考试。再把这些可执行的任务按照时间维度进行拆解，放进我们的日历中，之后就可以开始行动起来了。

值得注意的是，**在拆解任务的时候，请不要因为一时的热情而过分高估了自己的毅力或忍受痛苦的能力。**

很多人在背英语单词的时候，往往在一开始便立下了雄心壮志：我要每天背会200个单词。结果执行了一周，从精神抖擞到疲惫不堪，从恨不得把书放在枕边到恨不得把书都撕掉。背来背去，整本单词书，最熟悉的还是那个A开头的词汇：Abandon。

OKR强调的是自发和主观能动性，我们给自己设定的应是真实的、想要达成的目标，而不是为了喊口号给自己听、让自己感动的目标。所以，当拆解到任务环节的时候，需要时刻注意单位工作量的规模，不要太过勉强自己，只有给自己留一些缓冲时间，才能使学习过程更具可持续性。恰如《刻意练习》一书中提到的：**决定你养成一套完整习惯的，不是练习的绝对时间，而是练习的绝对频次。**

当我们将任务拆解成更小的单元，给自己留出足够多的时间余量时，就会更容易达成目标。以背单词为例，如果把任务从每天背会100个单词，变为一周至少背五天，一共背会500个单词，就会让计划具有一定的弹性，给自己留出机动调整的空间，从而显著降低自己的痛苦感受。坚持久了，任务的执行也就能演变成一种习惯，从而让践行OKR的过程更顺利和持久。

把自己视作产品：互联网大厂求职、进阶之道

定期复盘

OKR让我们得以厘清阶段性目标和关键结果，但当我们努力在待办事项清单上一个一个打钩，一页一页地撕下日历页的时候，也不要忘了，我们可以按照PDCA（计划、执行、检查、处理）的步骤来阶段性地进行复盘，从而提升自己在下一个阶段的迭代效果。

请在每个双月选出一个复盘日，给自己留出两小时的独处时间吧。一桌一纸一笔，将自己抽离到第三方视角，尽可能客观地评价过去一段时间的表现。毕竟自己的OKR不需要给别人做汇报，自己也就可以更真实、更坦诚地面对它，犯不着去寻找托词。我们可以对照自己之前列出的OKR和过往两个月对于任务的完成情况，自下而上地逐层校验如下三个环节。

- 任务完成得怎么样？如果没有完成，是因为什么？
- 关键结果实现了没有？如果没有实现，是因为什么？
- 目标是否达成了呢？达成的程度如何？

万丈高楼平地起，自下而上地逐层校验能帮助我们更好地明确进展、定位问题。

任务完成得怎么样？ 这是我们可以直接询问自己的问题。如果没有完成，是因为任务的强度太大了，还是因为别的问题？后续为了保证任务的完成度，是降低强度，还是做什么别的调整？

如果任务都完成了，相当于收集全了最基础的拼图块，那么对应的关键结果实现了没有？假如拼图块都收集全了，但是对应的关键结果还差得远，很可能是因为我们在拆解任务的过程中发生了误判，需

要重新调整自己的任务拆解方式。

最后,回归到对于目标的校验上:目标是否达成了呢?如果没有达成,是否需要将目标延续一个双月;如果达成了,那么下一个里程碑式的目标究竟是什么?

明确了过往的评估结果之后,我们就可以继续制定下一个阶段的OKR,有了过往的经验积累和校验,下一个阶段的规划才能做得更合理、更有效。

当然,**在生活中请不要丧失"仪式感"。每个复盘日都意味着自己又完成了一个双月的努力,请在这一天给自己一些奖励**(购物车里心仪许久的商品,美团上垂涎欲滴的餐厅),让复盘与美好的记忆相关联,从而让自己更好地享受这一过程,以便持续精进和成长。

👉 Tips

把自己视作一款不断迭代的产品,提升能力、适应变化,用OKR来管理自己的职场人生。

通过设定目标和关键结果、拆解任务并执行和定期复盘三个步骤,我们就能用OKR来管理自己的职场人生。

第十八章　打破你的学生思维

在笔试及面试中衡量一个校招新人的落点就在于硬技能和软实力的组合。当你走上工作岗位之后就会进一步发现：**硬技能构筑了一个人的成长下限，是可以被短期、定向培养的；真正影响一个人成长上限的，是自己的思维方式和软实力。**

冰冻三尺，非一日之寒。我们的思维方式是被过往的经历所塑造的。在过往的几十年里，我们的成长过程和评估体系始终处在学校这个单一赛道里。我们习惯了在课堂上被教育、在操场上被组织、在考场上被排名，自然而然地被培养出了相对线性的学生思维：成长似乎是有固定轨迹和方向的，只要努力、努力、再努力，完成老师和家长的期待，我们就能够达成一个比较好的结果。

而当你走上工作岗位之后就会发现自己被丢到了一个从来没有经历过的环境中，自己曾经奉为圭臬的学生思维在职场里很可能已经行不通了。甚至，如果你带着这样的学生思维应对工作，很可能发现自己处处碰壁，碰得头破血流。

既然已经走进工作的新环境了，就让我们重新学习一下如何"走位"和"打野"。丢弃陪伴自己多年的学生思维固然有些不舍，可毕竟旧的不去新的不来，我们仍要迎接新的挑战和变化。

请保持一个开放的心态，和我一起看看有哪些需要打破的学生思维，重新学习新的"魔法"。

等靠要？老板不是老师

"你为什么选择这家公司？"面试官询问。

"我想要学习和成长更多。"竹子回答道。

"你为什么选择离开上一家公司？"面试官问道。

"我觉得它没什么可以学习的东西了，也没有给我足够的成长空间。"竹子回答道。对于"学习"和"成长"，她还刻意加了重音。

直到被送出公司，竹子仍然觉得自己的表现满分，自己的过往履历不错、专业技能过硬，关于价值观的回答更是满分。毕竟，谁会不喜欢一个追求学习和成长的员工呢？直到一周之后杳无音信，她才知道面试官嘴里说的"再见"其实意味着"再也不见"。

"为什么公司不喜欢追求学习和成长的员工呢？"竹子将自己的疑问抛到了求职群里。一时，群内共鸣者众多，大家纷纷表达：自己也是一个追求学习和成长的人，自己的公司没有给自己提供学习和成长的机制及支持，没有让自己得到足够的成长。看到如此多的共鸣者，竹子更是觉得不解和委屈，甚至心中升起了一丝丝愤懑。

正在大家热烈讨论、激昂愤慨之时，一个在某大厂负责招聘业务的师兄"幽幽地"说了一句："各位，公司不是学校，老板不是老师。"

一盆冷水当头浇下，一时群内鸦雀无声。

公司不是学校。学校是你交了学费，就能习得知识、获得自我成长的地方；公司是给你付工资，借助你的劳动产出进行更大规模变现的地方。

老板不是老师。老师向学校承诺对教学服务质量负责、对你的学业成绩负责；老板对公司提供的人力和资金资源负责、对你的贡献和产出负责。

相较之下，我们不难看出两者的差异：一个以学生的学习和成长为核心，另一个则以公司资源（人力资源、资金资源）的最大化产出为核心。或者说：学校是输入，推动着你成长，帮助你取得更好的结果；公司是输出，向你要求更好的结果，而你为了达到要求，就需要进行自我驱动来成长。

没有一个组织是付费给你且帮助你成长的。**既然进入职场成了一个职场人，就请不要将自己的成长转嫁给公司和老板，而要将其当作自己的责任**。与其抱怨公司没有给自己成长空间，不如考虑自己给公司带来了什么价值，如何才能保持这种不可替代的价值，并让这种价值逐步被团队、被公司、被行业所认可，从而提升自己在工作中的议价能力。这才是一个职场人应该有的认知和判断。

竹子显然被师兄说蒙了，头脑中开始闪过自己在之前公司碰到的各种各样的问题：老板丢一个任务给自己，就不声不响、自顾自地去做事了；老板明明没有告诉自己应该怎么做，但对自己做出来的东西又不满意，结果还批评自己一顿。种种回忆之下，她的心中突然产生了不一样的思考角度："老板没有义务教给我啊！"

尽管在各个大厂里都有导师机制会对新人进行指导和帮助，但是导师也有自己的工作要做，也有自己的OKR要完成，不可能事无巨细地教导和安排新人。所以，站在新人的角度，真正高效的方式是主动出击，约定一个例行的沟通机制，带着问题和思考去找导师寻求帮助，只有这样才会有更好的结果。

一味"等靠要"，过度依赖别人来推动自己，甚至抱怨为什么导师不来主动教导自己，这显然是没有搞清楚职场的基础法则：教导是人情,不教导是本分。如果你碰到一个愿意手把手带你的导师,指出你的问题、给予你机会,那会是一种莫大的幸运。但如果没有这样的导师,就要自己去问、去学、去偷师。

站在个体的角度,你也许会觉得自己是独一无二的;但是站在组织的角度,你只是每年校招入职的众多新员工之一,你需要用产出而非口号来证明自己的与众不同。如果在工作一两年之后,你产出的价值还是和初出茅庐的大学生没有差别,那公司自然会把你淘汰。那时,自诩独特的你对公司来说,无非是试错的成本。公司会在下一场校招的过程中找到你的替代品,开始新一轮试错。

那究竟该如何认知自己和公司的关系,实现自我增值和自我成长呢?师兄给了竹子建议——两个"对得起"。

- 对得起公司,你能够交付怎样的产出,以超过公司支付给你的薪酬。
- 对得起自己,你如何才能让自己快速成长,从而让自己更加"值钱"。

对得起公司,需要明确自己和公司的关系:你是来和这个组织合作的,公司给你支付了薪酬,你自然需要帮助公司获得超额收益。只有实现了这个状态,才能在这场合作中让自己处于更积极主动的位置:公司同样需要自己,而不只是自己需要公司。

在求职的过程中,很多同学会追求高薪酬的岗位录用,片面青睐一份高薪的工作,却没有思考过自己的产出是不是真的配得上这份薪酬。所谓"欲戴王冠,必承其重",如果你的持续产出无法匹配薪酬,只给自己建立了一个过高的薪酬预期,那么一旦离职你就会发现,市场上的公司很难接得住自己的身价了,最后只能落得一个高不成低不就的境地。

为了更好地与公司合作,你可以充分利用公司提供的辅导资源,不再"等靠要",主动和公司指派的导师约定一个最低的沟通频率,提前梳理好自己的问题向他请教。碰到了工作上的难题时,也可以及时"举手",向导师寻求帮助。只有合理地利用公司资源,有效提升自己的产出能力,才能让自己对得起导师的付出,让自己越来越能扛事,成为组内不可或缺的生产力。

对得起自己,需要明确一家公司和自己职业生涯的关系:一段合作终有竟时,你需要在每份工作、每段合作的过程中尽可能提升自己的市场价值。能力不仅是学出来的,更是练出来的。你需要尽量争取自己跳一跳才能够到的机会,尝试更大、更难的项目,让项目成为一块磨砺自己的"砺金石",打磨出自己的光彩。

现在的大厂大多按照双月制来评估绩效。这样,每个双月结束的时候,都是你可以争取新机会的时候。不要让和领导的一对一沟通变成一种对自己的训话和安排,而是尽量在这样机会里抛出自己的疑问和困惑,争取自己想要的资源和项目。比如,如果你觉得上一个项目自己已经比较熟练了,就可以主动要求在下一个双月里负责一些新的项目,并且拆解和承担组内的项目目标。

两个"对得起",成了竹子在新阶段自我驱动的行动指南。首先,她重新找到一个让自己有更大成长空间的大厂和部门,在这里,自己有可能接触到更大的项目,从而在这个过程中锻炼自己的能力;其次,她更加积极主动地承担项目,给自己更多尝试和试错的机会;然后，她就像备战考研的时候一样，给自己制订了一份职场成长计划，从基础能力到专业技能，挨个塞进日程表，让自己重新找回了自驱学习的状态。

山不来就我，我便去就山。

对得起公司、对得起自己，竹子在新的岗位上实现了自己想要的成长，变得更加"值钱"、更加自信。很多时候，改变我们和外部世界关系的，并不是这个世界本身，而是我们对这个世界的认知角度。如果你也追求自己的成长和增值，不妨和竹子一样，从改变自己的认知开始。

公司不是学校，老板不是老师。你可以在明确自己和公司的合作关系的前提下，不再"等靠要"，通过主动出击来寻求帮助、争取项目，在工作的过程中不断实现自我成长。

向内挖掘目标、寻求动力

请仔细思考一下，你想要一个怎样的职业生涯？

是一路升职加薪，走上人生巅峰，还是成为不可替代的专家，被行业认可且尊重？

不论你的职场目标是哪个，我都希望它的句式是："我想要……" 因为你即将面临的职场"打怪升级"之旅注定不会一马平川，而有极大概率会遍布荆棘与坎坷。唯有自驱的目标感与意义感，才能支撑你克服困难，越过山丘。

"玻璃心"的员工无人敢用

"八卦"之心人人都有,不光是员工在一起会吐槽老板,老板在一起有时候也会吐槽员工。这不,又到了年终绩效考核季,大家在一起就开始吐槽自己的员工。

"这次绩效考评,我给一个员工打了B。谁承想,在绩效沟通的时候,她居然直接哭了。幸亏我们是在公共休息区,要是在封闭的会议室,还不知道别人会怎么想。"一人道。

"别提了,我这边还有员工时刻处于阴晴不定的状态,上一秒还是好好的,下一秒可能因为被别的同事怼了一句,或者被导师批评了一句,整个人三五天都缓不过来。"另一人道。

"哎,招人还是得招心态好的啊。"有人总结道。

大家纷纷点头表示认同。

无论是作为导师的角色指导新员工,还是作为领导的角色带领团队,我时不时就会碰到这样"玻璃心"的员工。与其说他们是为了工作带来的产出和自我成就感而工作,不如说他们是为了迎合别人的期许、赢得别人的肯定而工作。

对于这样的员工,正面激励是有效的,无论是领导的肯定还是同事的夸奖,都会给他们注入能量,激励他们熬夜加班、不停歇地工作;但"尺有所短,寸有所长",一旦被领导批评或没有得到足够的肯定,他们就会突然从一个亢奋的极端跌进另一个沉闷的极端,整个人丧失了工作的动力。他们的工作状态就像一个不稳定的曲线波,波峰—波谷—波峰—波谷,持续地切换和波动。当看到他们十分低迷的时候,你不太敢说一句重话,生怕他们直接撂挑子走人;而当看到他们非常激昂的时候,你同样会担心,不知道他们这种亢奋的状态会持续多久。

领导往往不敢重用这样的员工：因为这样的员工没有向外部建立起一个稳定工作的预期，他们没有办法持续、稳定地提供产出。一旦将任务交给他们，那任务很可能就陷入一种忽上忽下的状态，不知道最后会有怎样的产出。这也是在很多大厂的JD里，都喜欢用"皮实"二字来描述理想的候选人的原因。只有足够"皮实"的人，才更清楚自己想要什么，知道自己能给公司带来什么，明确公司能给自己回报什么，不会被外界轻易影响，能和团队更高效地协作。

做个成年人，为自己而工作

你是否也是有些"玻璃心"的人呢？别人的目光和期待、别人的夸奖或否定是否都会显著影响到你的情绪？

如果是的话，那么你可能得回顾一下开启你职业生涯的问题了，即你为什么选择一份这样的工作。我们选择一份工作，是为了让自己的收入增加和能力提升，是为了让自己能够持续迭代，是为了让自己获取和匹配更好的机会，而不是为了听别人的肯定和夸奖。

如果一个人总是期待外部环境的表扬，将自己的价值认定绑定在外部的评价上，那么这个人的工作一定是不快乐的。因为在职场上，大家没空呵护你的"玻璃心"，他们不会为了照顾你的情绪而调整对于项目的评价和措辞。如果总是带着幻想去工作，那迎接你的就必然只有冷冰冰的黑白色调的工作现实。如果实在喜欢听别人的夸奖，倒不如在微信里加几个微商，看看他们每天是如何把自己的顾客夸得天花乱坠的，或许能够满足一下你对于被夸奖的欲望。

著名的心理学家武志红老师在《巨婴国》里有这样一段话："我们

90%的爱与痛,都和一个基本事实有关——大多数成年人,心理水平是婴儿。"这样的成年人,本质还是一个婴儿。婴儿渴求且苛求外部的认可与鼓励,一旦鼓励没有达到预期,就会大哭大闹,发泄情绪。归根到底,这还是不够自信、不自知自觉的表现。当这样的"巨婴"走上工作岗位时,不仅是自己的噩梦,也是公司的灾难。

只有放弃对外部的强依赖,转而向内挖掘目标、寻求动力,才能降低自己情绪波动的"方差",提升自己对外界反馈响应的确定度,从而形成自己的个人品牌。品牌是什么?品牌就是对于产品和服务的稳定预期。当团队和公司对你的产出达成共识的时候,就是你形成品牌,进一步晋升的时候了。

如何响应外部反馈

在每天的工作中,我们免不了要和别的同事打交道,也一定会收到各种各样的外部反馈。总有同学问,虽然我知道自己不应该活在外部的评价中,可是一听到反馈,总觉得他在针对我,很容易就"上头"了,应该怎么处理呢?

首先,请明确一点,你远没有重要到需要别人专门针对你的程度。如果把整个世界比作一场MMORPG(大型多人在线角色扮演游戏),你就会意识到自己只是这场游戏的参与者之一,大家都在为了自己的"打怪升级"而努力,你们可能在一些副本里组队,或者在某个服务器里相遇,但是在游戏世界里,大家终究只是匆匆过客,没有谁会有精力专门针对你。

虽然我们并不应该期望这个世界对我们充满善意,但是我们也不应该过分悲观地对这个世界进行有罪推论。在绝大多数情况下,大家只是在公司里基于项目相处一段时间，犯不着针对谁，尽管某些人的表达方式比较"刺耳"，但是沟通和讨论都应该围绕一个又一个项目而进行。

其次，**当听到外部的评价的时候，请安静10秒后再用理性脑响应**。"玻璃心"的人大多容易"上头"，当听到评价，尤其是倾向于负面表达的评价时，就会不由自主地启用感性脑，为自己辩护和解释。这样就使沟通的重点发生了偏移，把对于事的评价变成了对于人的评价。原本讨论的只是事情本身的对错与利弊，可一旦将自己代入被评价的对象，就变成了个体对错与利弊的争辩。

我们的大脑有理性脑和感性脑之分，请不要第一时间让自己的感性脑做出本能的生理反应，而是尽可能冷却一下，再对外部反馈进行拆解和回应。外部反馈是可以拆解的，一部分表达是对于客观事实的讨论，另一部分表达则有可能引发我们的情绪波动。所以，尽可能将注意力转移到客观事实上，就事论事地做出响应，这样不仅能够让自己表现出足够的职业化，也能够有助于事情向好的方向推进。

最后，对反馈进行有针对性的响应。我们可以将事情的讨论区分为：客观事实是什么、评价标准对不对、后续动作改不改。

比如，你的导师可能会抱怨："这个项目你怎么搞成这样，活动转发率非常低。"

那么，你可以先将这段话拆分为两部分，将注意力从主观评价"你怎么搞成这样"转移到客观事实"活动转发率非常低"上。然后，围绕"活动转发率非常低"做出自己的判断。转发率是真的低吗？如果是的话，则进入后续有关动作的部分，针对这一部分进行响应：究竟是自己选择的时间点不对，还是活动本身的设计出了问题。如果对方只说情绪不说事实，或者所说的事实并不成立，那么这基本上就是一个没有价值的反馈，你也就没有什么必要进行响应了。

一如《奈飞文化手册》中所说的，作为一家高效的公司，奈飞的首要原则就是：只录用成年人。这里的成年人是指职业素养上的成熟，知道自己要前往何方，并愿意为此付出任何努力。成年人最渴望的奖励，不是外部的夸奖，而是自己赢得的成功。

请向内挖掘目标、寻求动力，做个职场的成年人！

工作没有考纲，没法准备好了再来

"对不起，我觉得我还没有准备好，我觉得自己承接不了这个项目。"不想面对导师的小松低下了头，自顾自地看着自己的鞋尖。小白鞋在上班的路上不知道在哪里蹭到了一块污渍，明明是很小的一块，在他的眼里却显得非常扎眼。

"呃？"导师对小松的态度有些意外，顿了一下安慰道："没关系，这个项目也有一些实验的性质，你可以先参考一下同事的Wiki，项目要得也不是很急。"

"可是，我之前没有做过类似的项目。"小松道。

"总有第一次嘛，你碰到问题的时候问我就好。先这么定了哈，我去开会了。"不容小松辩驳，导师抱着笔记本起身离开了。

只留下小松低头待在原地，看着自己的小白鞋，以及鞋上那扎眼的污渍。

工作没有考纲

"我很焦虑,我真的很焦虑。"坐在我对面的小松,不停地重复着"焦虑"这个关键词,"接到项目以后,就像回到准备考研的时候,总会觉得自己没有准备好,一宿一宿地睡不好觉,只有把项目做完才算回归平静。"

小松在碰到问题时就是典型的学生思维:把工作问题当作考试问题。

就学生时代而言,对每个人来说最大的挑战莫过于考试了。每学期例行两次考试:期中考、期末考。如果你还要追求什么证书之类的,就需要加班加点地额外准备其他考试。而这些考试,无一例外有着固定的时间、固定的节奏、固定的步伐,会在固定的那个转角和我们相遇。为了拿到一个好成绩,我们需要按照固定的节奏、固定的方式去准备这些考试。

但是,**学校教授和考察的,是一个有相对成熟结论的封闭集合;而职场里我们需要历练和应对的,则是一个没有终局的开放集合**。如果硬要把职场当作学校,那只能说,职场里没有终极大考,有的只是连绵不绝的挑战。只有完成一个挑战,才会获得一个技能点;只有获得足够多的技能点,才能赢得成长和晋升。

运气好的话,这些问题已经有老员工解决了,通过询问导师或寻求老员工的帮助,我们就可以快速地找到问题的解决方案。

运气不好的话,这些问题对我们所在的组织来说也是新问题。想要解决问题,就只能赶鸭子上架,我们要联系已经掌握的知识,学习相关的新知识,尝试拆解问题、降低复杂度,找到最有可能的角度尝试解决。没有老师,没有教科书,每个人都是靠自驱、自学来解决问题的。

作为一个有自驱精神的人,小松一直没有放弃努力,他坚持学习网络上的各种课程。他就像一个要备考猜题的好学生，想要提前了解工作中导师可能布置给自己的任务究竟是什么，以便自己对这些任务进行更充分的准备。

可是，计划总是赶不上变化。总有"考纲"之外的考题布置给他。而每当面对这样的问题和挑战的时候，他似乎又一下子"穿越"回了考试的那一刻，那种超出预料的恐惧感像阴沉的海浪一样，扑面而来，迎头打下，将他吞没。尽管这一次的成果被导师评为优秀，但是小松心里知道，他还是没有准备好，始终没有准备好……

没法准备好了再来

我拿起案头的书和玩偶，将书摆在玩偶前面，向小松示意。

"书，代表已有的知识；玩偶，代表你现在的状态。现在的你在书的后面，你在追着知识跑。你有导师，有公司里的前辈给你指导，告诉你某个项目应该怎么做。在这个过程中，你也在不断成长和进步。"

我挪动玩偶，让玩偶一步一步地向前移动，追上了书，超过了书。

"但是，如果有一天，你追上甚至超过了书呢？你也会成为导师，成为公司里的前辈，那时候呢？工作不是一次确定的考试，而是一次次不确定的挑战。你怎么可能总是提前准备好呢？"

一方面，我们无法做到准备好了再来。

当我们成长为别人的导师或前辈的时候，也就已经成为别人的榜样，需要独自面对问题了。因为我们面对的是一个开放集合，所以从技术的角度而言，大概率不存在准备好了的状态。就像直播电商、盲盒消费、私域运营、"种草拔草"这一波波的浪潮，每波浪潮都是全新的，没有过往经验可循，人们只能摸着石头过河。

此外，我们还可以换一个角度来思考这个问题：如果对于每个任务都已经准备得游刃有余了，就意味着当下的工作对自己来说是按部就班、毫无挑战的。那这样一份自我重复、没有增量和挑战的工作，真的是自己想要的吗？

另一方面，我们也并不需要准备好了再来。

挑战是有时效性的，不可能停留在原地等着我们。如果你在做消费品，那么永远会有新的渠道、新的平台冒出来：微博、微信公众号、小红书、抖音、淘宝、拼多多等。我们总是需要不断适配最新的平台才能保持自己的生存能力和进化能力。

面对挑战，我们也并不追求绝对的高分，相对的高分就已经够用了，只要比竞争对手表现好5%，就足够让自己脱颖而出了。**将标准从绝对标准迁移到相对标准，有助于适度降低我们的心理压力**。凡事不要太过强迫，追求尽善尽美。

所以，在职场这个无限游戏上，或许并没有绝对意义上的、技术层面上的"准备好"；但是我们可以做到心理层面上的"准备好"，实现相对意义上的进步和超越。毕竟，不变的，是变化。

面对工作上的新挑战，你准备好了吗？

时刻准备着！

重视自己的选择权

你大概率听过这样一句话："选择大于努力。"但是你真的理解这句话的含义吗？

把自己视作产品：互联网大厂求职、进阶之道

为了帮助你理解，分享一个我自己的"悲惨"经历给你。

在本科毕业时，我拿到了某大厂的Offer，同时被保送了研究生。本着好好读书、升入好学校的惯性思维，我没怎么仔细思考就选择了读研，并在毕业之后重新入职了当年拿到Offer的那家大厂。孰料，刚进入公司就碰到了我的老熟人：带我的导师居然是我的本科同学。归功于公司的快速发展和他个人的努力，此时的他已经在过往的三年里连升两级，高我两个级别。要知道，职场人的成长不像学生那样可以按照年级逐年提升，而是需要大环境的机会和经手项目的历练。错过了互联网高速发展三年时间的我，追平和他的这个职级差距花了远远不止三年的时间。

在投资中有一个非常有趣的"康波经济周期论"。按照这个论述，每个人的财富积累并非完全取决于个人，而是源自经济周期的运动时间和给到个人的机会。人在一生中所能够获得的机会，理论上只有三个，如果任何一个机会都没有抓到，那么一生的财富就没有了。如果能够做出高质量的选择，至少抓住一个机会，那么至少可以成为一个中等收入的人。

在移动互联网行业的上升周期里，"去工作vs去读书"构成了我的两个选择。我选择了去读书，从而错失了三年的黄金发展期，也错过了快速成长的可能。如果有"时光机"给我一个机会穿越回过去，那我会非常笃定地选择去工作、去投身互联网浪潮。而这件事情也成了"选择大于努力"定律在我身上最好的注解。

时刻保有选择权

对很多同学来说，自己过往的生活是按照长辈的经验和固有的惯

性思维向前推进的：习惯了好好读书，习惯了升入好学校，习惯了按部就班。而当毕业了之后，我们会发现父母的经验已经不能帮助到自己更多了，他们过往面对的职场和我们当下面对的情景不再一样，他们的经验也不能再复用。那现在，就是需要我们自己做出选择的时候了。

如果将自己的工作看作一种以时间、精力为成本的"肉身炒股"行为，那么我们就需要在不断的交易过程中赢得收益，提升自己的市场价值。

就像在投资过程中的交易操作，需要在不同的时间点决定买入或卖出一样，我们在工作中同样会面临选择：选择自己要承接的项目，选择自己是在公司内晋升、转组，还是跳槽到其他公司、换行业方向。每做出一个选择，就代表了我们以自己未来的一段时间为资本进行了一次交易操作。

虽然选择如此重要，但在真实生活里，你会发现很多人都在用自己的习惯和本能思考，并没有启用自己的选择权。

我有一个非常奇妙的发现，不管每年"6·18"或"11·11"的规则设计得多复杂，总有人能够玩明白，会基于各种折扣方式严谨推演，为了省几十元甚至几百元而列举各种情况、进行各种计算。而在职业辅导的场景里，我也碰到了很多同学在痛定思痛地复盘：他们当年对于职业发展的选择是有非常大的随意性的。

为什么面对"6·18""11·11"的规则能够算得清清楚楚、选得明明白白，可当面对影响自己未来三年、五年的职业发展选择时，却放弃了自己的选择权，"跟着感觉"做决定呢？将自己的未来发展、自我提升空间、潜在收入空间都交给了感觉。多省几十元甚至几百元vs多

把自己视作产品：互联网大厂求职、进阶之道

赚几万元甚至几十万元，孰轻孰重自不待言。可是，仅因为这几百元是短期看得到的，就进行客观、严谨的计算，由于潜在收入空间在短期看不到，就放弃选择，跟着感觉走，这是不是一种需要我们警惕的思维陷阱呢？

在一个阳光明媚的下午，我和橙子同学在咖啡厅见面，听他讲述自己的职场故事。

"明明已经工作三年了，可是我做的事情还是和刚来半年时没什么区别。我每天去上班的心情就好像去'上坟'一样，感觉自己就是一颗机器上的螺丝钉，找不到工作的意义。"看得出，橙子的脸上写满了焦虑。

"公司本身有其他的业务吗？有其他的发展方向吗？"我问。

"有的。"橙子答。

"和你同一时间进入公司的同事，他们有晋升或转岗的机会吗？"我提出第二个问题。

"有的。"橙子再答。

"你的项目完成率是比其他同事好，还是比其他同事差？"我接着发问。

"我每年的绩效都是A，我觉得完成得不错。"橙子回道。

"最后一个问题，你有要求过做新项目吗？"我问。

顿了一下，橙子才说："没有。"

回溯这几个问题，我试图帮橙子梳理的，依次是公司提供的发展空间大小、同事的发展情况和自己的岗位胜任情况。

- 既然公司有发展空间，就说明对你而言公司目前提供的天花板

还足够，自己还有努力迭代的空间。
- 既然同事有发展，就说明别人是能做到的，你是可对标的。
- 既然自己能够胜任岗位，就说明自己是有余力，可以承接新的项目的。

这一系列问题追问下来，就找到了核心问题：你有没有为自己争取过机会？有没有主动选择自己的发展方向？

一如上文所说的，在工作场景下首先需要杜绝的学生思维就是"等靠要"，不能等着领导给自己分配新的任务，更不能等着领导给我们提供成长的机会。别人没有义务为我们的成长负责，当我们看到好机会的时候，应该主动去择时择机，为自己争取。

善用自己的选择权

如何善用自己的选择权？首先要做到的是定期复盘。

每过一个时间点，如半年或一年，当我们从日常的选择中跳出来，回看自己过去一段时间的工作历程时，同样可以用看待投资品的视角来思考：以结果来评估，自己究竟是增值了还是贬值了；以操作来评估，自己过去所做出的选择是做对了还是做错了，抑或是重来一次，自己还会重蹈覆辙、无怨无悔吗？

同样以和橙子的对话为例，我们可以通过如下问题帮助自己进行复盘。

- 在最近半年里，你做得最成功的、让你觉得最满意的项目是什么？为什么？

- 哪个项目是你觉得做失败的，为什么？如果重来一次，你是否会有改观呢？
- 在当前的方向下，你觉得自己还有什么可以提升的空间吗？在当下的环境里是否能够做到提升呢？
- 有没有什么方向或机会是你本来想尝试，但后续并没有落地的呢？
- 如果现在跳槽，你有信心会顺利地找到一份能涨薪的工作吗？

这五个问题——做了什么、做得怎么样、有无提升的空间、有无错过的机会、有无增值，都是相对客观的事实衡量型问题。通过回答这些问题，我们能够以第三方的视角来回溯自己最近一段时间的功过得失。只有做到尽量客观地面对和评价自己，保证输入信息的准确性，才有可能做出高质量的判断。

完成了定期复盘，下一步就是做出选择，给自己制定相应的迭代方案。选择权既是选择做什么的权利，更是选择不做什么的权利。

在大的方向上，可以试着选择那些自己不太讨厌的、愿意尝试的方向。只有不断拓展方向，才能扩大我们的认知半径，从而更好地了解哪些是自己擅长的、哪些是自己不擅长的。在日常的项目上，也可以和领导及时沟通，对于那些自己已经处理得游刃有余、人过重复消耗而无增长和锻炼的事情勇敢说"不"，尝试通过调整工作范畴的方式让自己一定程度地抽离出来。

如果确实没有办法和领导达成一致意见，就需要本着"人挪活，树挪死"的精神，去寻找新的工作机会了。基于自己的情况做出理性、客观的选择，对自己的选择结果负责，才是对待工作负责的态度。

得到建议的橙子同学，去找自己的领导进行了一次开诚布公的沟通。表明了自己态度的他，也得到了领导的允诺，领导表示会在未来三个月内逐渐把他手中的一部分事情交接出去，从而让他有精力参与到新的项目中。

领导是否真的会信守诺言，我们未尝可知，但是对于橙子同学而言，至少自己已经迈出了运用自己选择权的第一步。

☞ Tips

走上工作岗位后，过往的学生思维不再可行，我们需要重新适应职场的规则。

老板不是老师，成长是自己的事情，而不是老板或公司的事情。

在职场上没有人会呵护你的"玻璃心"，应向内挖掘目标、寻求动力，追求更快的成长。

职场项目有限，机会并不等人，唯有主动承接项目，才能在锻炼中成长。

选择大于努力，为自己争取话语权、提升能力，让自己时刻保有选择权。

第十九章 你需要掌握的基础工作方法

公司是一个由多人构成的组织,通过成员间的协作带来产出。而对大厂来说,其人员规模日趋庞大、组织结构也变得越来越复杂,就像一部精密的机器,"镶嵌"着各种各样的齿轮与传送带。只有明白这部机器是怎么运作的,才能了解自己应该如何正确施力以带来正向的结果。

在大厂里,会分为业务部门和非业务部门,前者主要为业务指标服务(如产品、运营、研发等),后者主要为业务部门和公司的正常运作提供支持(如人力、行政、财务等)。

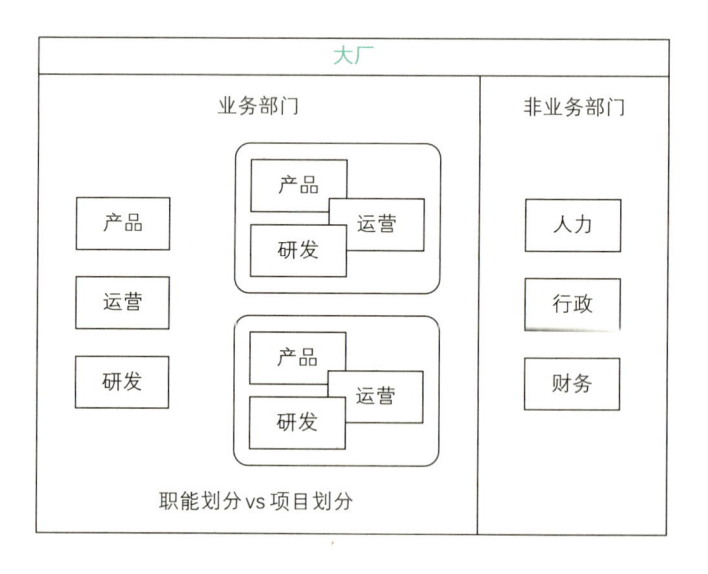

```
┌─────────────────────────────────────────────┬──────────────┐
│                    大厂                      │              │
│              业务部门                        │   非业务部门  │
│  ┌─────┐   ┌─────────┐                      │  ┌─────┐     │
│  │ 产品 │   │  产品    │                      │  │ 人力 │     │
│  └─────┘   │      运营│                      │  └─────┘     │
│  ┌─────┐   │  研发    │                      │  ┌─────┐     │
│  │ 运营 │   └─────────┘                      │  │ 行政 │     │
│  └─────┘   ┌─────────┐                      │  └─────┘     │
│  ┌─────┐   │  产品    │                      │  ┌─────┐     │
│  │ 研发 │   │      运营│                      │  │ 财务 │     │
│  └─────┘   │  研发    │                      │  └─────┘     │
│            └─────────┘                      │              │
│         职能划分 vs 项目划分                  │              │
└─────────────────────────────────────────────┴──────────────┘
```

而在业务部门的组织方式上,常见的有职能划分和项目划分两种。在职能划分的场景下，产品、运营、研发有自己的业务线，分属于不同的体系，在做项目的时候，主要从各条业务线上抽调人员进行协作；而在项目划分的场景下，产品、运营、研发会按照项目进行编组，形成一个个项目小组，从属于同一条业务线。

人多了，组织复杂了，沟通自然就变得烦琐了。物理学里有一个叫"熵"的概念，可以用来反映事物的混乱程度，"熵增"就代表事物变得更加混乱。而对大型组织来说，其一直在克服的问题也是"熵增"，即如何能够不因为人员膨胀而使沟通无法顺畅，如何能够不因为组织复杂而使步调无法统一。解决这些问题的方式就是制定更好的流程和机制。

你会发现在小公司里打个招呼就能解决的问题，到了大公司里却有一套流程，就是这个原因。这种烦琐或许是组织发展的必然，只有通过流程和机制的约束才能保证组织平稳运行。但对我们来说，想要适应这套体系，就需要学会如何同他人更有效地沟通与协作。这涉及每个职场新人必须掌握的基础工作方法：开会、写邮件、协作、向上管理与汇报。

让我们假想一个场景，某大厂今年需要组织校招，而人力资源部门需要联动各个业务部门一起协商出校招方案和时间表。看看在这个场景下，HR 小橘是如何利用这些基础工作方法开展工作的。

开会的两个原则

常常有新人抱怨各种各样的沟通和会议占用了自己太多的时间。

那么，面对必不可少的沟通需求，如何开会才能提升效率，减少对于自己时间的占用呢？这就涉及**开会的两个原则：少开会、开好会**。

少开会

怎么能够让会议不占用自己的时间？最有效的方式就是不开会。

首先，我们可以针对自己工作中可能涉及的对外信息、经常被问到的问题列出一个FAQ（常见问题解答）文档出来。每当有人向自己请教的时候，可以直接将文档传给对方。这样，就能够响应80%以上的外部问询和沟通，避免开会。自己在建立和维护这样一个文档的过程中，也能够从第三方的视角知道别人是怎么看待自己所负责的业务的，从而不断加深对于业务的理解和认知。

其次，被通知到开会的时候，请务必了解会议的前因后果，从而做出是否参与的判断。有一个可供参考的判断标准是：你的反馈是否会影响到最后的会议结论。如果答案是"否"，那么恭喜你，这次会议你不需要参与了，只需麻烦对方在会议结束后将结论同步给你就足够了。

上述两个步骤能够帮助我们过滤50%以上的会议。那么接下来，为了保证自己能够专心工作，可以结合自己的状态在日历上锁定时间，即在这些时间是不接受会议邀请的。对我而言，我基本上将每天上午的时间都留给自己，可以专心地处理邮件、阅读报告、梳理业务方案等，将下午2点到晚上9点开放出来，作为机动灵活的响应时间，参与各种沟通和会议。

开好会

对于必须开的会，我们需要做到带着思考去开会，以合适的方式去开会,从而提升整体的效率。开一场好的会议有两个出发点:从事的维度来看,要保证会议能够达到目的、产出结论;从人的维度来看,要保证不浪费参与者的时间。

如果我们是会议的参与者:

在参与会议之前,先搞清楚会议的议题和自己要准备的内容,带着和会议议题相关的事实、观点去开会,只有这样才能让自己的参与更有价值,不浪费自己和别的参与者的时间。

在参与会议的过程中,我们是代表自己的业务线来发言的,因此必须积极表达出基于自己业务角色的观点。尽管我们会碰到不对等会议,会碰到沟通上的冲突,但开会本身就是为了通过观点的碰撞找到解决方案,所以无须因为担心对方的级别而噤声。

在参与会议之后,需要查看会议纪要邮件,确保其中的记录完备且准确。如果涉及自己要完成的工作,那么需要及时反馈工作排期和时间点。

如果我们是会议的组织者:

会前,进行前置沟通,确保核心参与者能够带着观点来参会。

首先需要通过IM工具和核心参与者沟通会议背景,而不只是在日历上直接占时间。提前将会议背景和相关材料(如文档、PPT等)告知核心参与者,方便对方从自己的角度对会议的重要性进行判断。

在告知了会议背景之后,再进行时间上的对接。很多人是有自己的工作安排和时间偏好的,并不意味着他们在日历上有空的时间就一定约得到,或者他们在日历上没空的时间就不能占用(很多管理人员,其日历上的会议并不是必须参加的)。通过IM工具上的沟通,我们就有了更多的备选时间,从而争取到核心参与者尽量参会。碰到核心参与者确实有时间冲突不能出席的情况，也要请他指定一个替代的同事，且确保这个同事有相应的决策权。

除会议的背景同步和时间确定外，很多情况下我们会涉及跨部门的会议。对于待讨论的议题，部门间可能存在利益冲突或优先级冲突。面对这种情况，我们可以尽量把沟通和预判做到会议前，先针对自己的方案和对方进行简短的沟通，再了解对方的想法并基于对方的反馈进行调整和扩展沟通。这样，在开会时，大家对于方案的主体部分已经达成了共识，可以更集中地针对少数矛盾点进行探讨。

会中，主动把控节奏，避免停滞不前，确保会议产出。

在会议形式上，我们可以通过限定会议时长、开站会、让所有人关闭电脑不看屏幕的方式，来保证所有人的注意力是在当下的会议上的，从而加快整个会议的进程。

基于会前的沟通和预判，我们可以将准备好的议题从易到难进行排列，逐个沟通和讨论。先讨论有共识的部分可以让我们不至于从会议一开始就陷入激辩，通过共识的达成形成更舒服的沟通氛围，再不断深入讨论那些需要更多探讨的部分。

关注那些不发言的人，及时询问他们的意见。既然被邀请到会议上的都是高度相关的人，那么每个人都应该表态。我们可以在讨论完每个议题后重复一遍结论、和参与者二次确认，确保大家都认可当下的阶段性结论。

正视多方冲突，控制冲突的规模和单个议题的讨论时长。由于参与者可能有不同的利益诉求，所以冲突是难免会发生的。我们既不应该畏惧冲突，也不可以陷于冲突。如果讨论显然超时或多方连基础共识都难以达成，就应该及时中止并跳过这个议题，将时间留给其他议题。对于那些在会上难以达成共识的议题，看是否可以通过问题升级（交给上级拍板）或组织二次讨论来解决。激发所有参与者，把握节奏不超时，求同存异保产出，是作为会议的组织者应该追求的效果。

会后，及时发送会议纪要邮件，督促各方反馈。

在会议结束后，作为会议的组织者，我们需要及时发送会议纪要邮件，按照"先结论、后遗留问题、最后项目背景"的三段论结构来陈述并总结会议。开会是为了达成可落地的共识，既然共识达成了，那么下一个阶段就是执行了。发完邮件后，我们就可以及时督促相应的同事反馈对应待办事项的时间点了。如果遗留了一些需要进一步讨论的问题，则要尽快推动上级解决或安排下一期的会议。

在校招的项目上，小橘也需要通过一系列的会议来对齐各个业务部门的认知与安排。

她通过IM工具收集了各条业务线的校招人数，基于去年的校招活动做出了今年的校招方案和时间表，并作为一个基础方案同步给了各条业务线。由于校招涉及线上、线下的宣讲和笔试阅卷的环节，需要业务人员进行支持，所以她应约对应的接口人来开会。

为了提升效率，首先，她和各个业务负责人确定了接口人的名单，即谁来开会（减少会议的参与人数）；然后，她将今年的校招计划和涉及需要支援的宣讲、笔试阅卷环节进行了文字说明，并着重列出需要业务部门支持的时间和人力（会前同步会议内容和要点），在IM工具上提醒各个接口人会前先阅读材料；最后，因为前置工作做得比较充分，所以到了会议阶段，她只约了半小时的会议室（限定会议时长），着重收集大家对校招的反馈（会中充分收集反馈），并将讨论结果以邮件的形式发了出来（会后同步结果）。

在这个场景下我们就可以看出：无论是会议的组织者还是会议的参与者，都需要站在事的维度和人的维度分别思考，做到有效率、有产出，只有认真准备、有效组织、积极讨论，才能避免文山会海，帮助自己节省更多的时间和精力。

写邮件五步法

口说无凭，立据为证。因为涉及不同团队的协作，涉及语言表达和理解的偏差，所以我们无论是在发起项目还是在记录会议纪要的时候，都需要以邮件的形式将大家的共识清晰地描述出来。如果项目发生失误或意外，邮件也能够成为存档的一部分，避免不必要的扯皮和冲突。

我作为职场"菜鸟"时，就碰到过一个因为没有发邮件而产生的"深坑"。我和另一个协作部门的同事约定好研发对接的时间和方案之后，就开开心心地去做自己的事情了。可是，当我到了约定的时间去找他联调代码的时候，却被告知，他被临时插入了一项重要的工作。气不过的我去找他的经理理论，却被对方"合法合规"地怼了回来："这个需求有邮件的立项记录吗？我没有被同步到啊，自然没有办法确定优先级。"因为没有邮件存档，造成项目大延期却又投诉无门，这件事给我上了正式的一课。

下述的写邮件五步法是我在刚进百度的时候学到的，时至今日仍然觉得受益匪浅。即便换了多家不同的公司，我都会将这五步法作为规范写给同学们。

标题清晰

邮件一定要有标题，但也不要太长。标题需要清晰地说明邮件的主要意图，如"某服务接口12月1日升级，请接口人关注"。对于会议纪要邮件，要在标题中说明日期和议题，如"2021-11-26数据标注双周会会议纪要"。

基于这一原则，小橘的会议纪要邮件，标题就是"2022年校招安排会议纪要2022-02-18"。

会议结论优先

写邮件是为了记录共识、协调工作，因为邮件的全文会很冗长，涉及完善的背景介绍和讨论过程的完整记录等，所以整体上应该采用类似论文的结构：会议结论在前，完整内容在后。我们需要在邮件开头就把结论写明白，先写共识和待办事项，罗列出需要重点关注的人和事情，再写遗留问题，最后补充项目背景。

比如，小橘的邮件可以是这样的。

- 结论部分（共识和待办事项）："经过和各个业务部门讨论，就今年校招的宣讲和笔面试安排达成一致意见，如有遗漏，麻烦补充。整体时间轴为，需要A部门支持的时间和事项是……，需要B部门支持的时间和事项是……"
- 遗留问题部分："没有讨论明确的部分是线上宣讲会的流程安排，本周会同人力资源副总裁沟通后再约人家讨论。"
- 项目背景部分："以下为本次校招活动的初版方案和时间表，过往的校招活动安排也放在了附件中，如果大家感兴趣可以查看。"

待办事项和时间点明确

既然写邮件是为了记录共识、协调工作，就需要明确各方协作和支持的待办事项与时间点。如果涉及多人、多组的协作关系，可以将每个人、每个组单独列一段，使其能够更明确地了解自己需要关注的部分。

如果已经进行过线下沟通，那么可以直接写明，如："某项工作应该在9月5日之前完成。"

如果还没有进行过线下沟通，那么可以写明自己为什么需要确定时间点，以及给对方留出反馈的空间，如："因为9月6日要同客户沟通，所以请某方支持某项工作在9月5日之前完成。如果预估无法完成，请在今日内反馈。"

邮件发出后，最好在IM工具上和对方确认一下工作交接的时间点。然后，就可以在对应日期等着"收账"了。

比如，小橘在邮件的结论部分就罗列了待办事项，写明具体的负责人和需要反馈的时间点。

- 请A部门的小A在本周五前反馈部门的面试官名单和具体时间表。
- 请B部门的小B在本周五前反馈宣讲会的主讲人名单和对应可以参与的宣讲会场次。

抄送相关人的上级

每个人的工作都需要其经理排期确定，对于跨部门的合作和项目同步，请务必抄送双方的直接经理。在经理不知情的情况下私下协调的工作是不能保证时间和资源安排的。

如果拿不准是否应该抄送经理，则一律抄送。不用担心打扰经理，因为看邮件本来就是他们的工作内容之一。 同理，如果其他部门的人给你写的邮件没有抄送你的经理，建议不要直接答应，可以建议对方再次发送并抄送双方经理。避免出现自己答应了但是被经理安排了其他事情的情况发生。

对小橘来说，会议的参与者都是各个业务部门的接口人，那么除给这些接口人发邮件外，还需要把他们的经理和自己的经理都放在抄送名单上，以保证信息传递到位。

内容结构化、突出重点

发邮件是为了传递信息，所以更追求信息的传递效率，邮件内容要尽可能结构化、突出重点。除要在开头写结论外，还可以注意以下几点。

- 时间点和关键人要通过加粗、加底色、更改文字颜色等方式来突出显示。
- 涉及待办事项的部分，最好以列表的形式展现，每行一个负责人、一个负责项目，以便清晰明了。
- 把真正要强调的内容标注出来即可，不要乱用突出显示和感叹号，以免看起来和"标题党"的文章一样不专业。

一封结构清晰、重点突出的邮件，能够保证我们清晰、如实地记录沟通和讨论的结果，传递信息，也能在出现争议的时候有存档可查、可追溯。利用这五步法写好邮件，是每个职场人的必备素质。

换位思考，有效协作

似乎就算掌握了再多开会和写邮件的技巧，我们依然没有办法高效地推进协作。为什么会如此呢？因为我们只掌握了工具的使用技巧，却没有掌握及内化如何和不同的人协作的思维方法。

让我们回到自己曾经精心准备的群面环节，其间我们都在努力地争取角色，输出自己的贡献，希望团队取得好的进展。而当我们进入日常的工作中，为了一个又一个项目和他人组成虚拟项目小组的时候，不也是一次又一次争取角色、输出贡献的过程吗？

在日常协作中，无论自己是什么角色，我们都需要争取对于项目其他参与者的影响力，即"横向领导力"。 想要"横向领导"他人，核心点在于：通过换位思考代入他人的角色，思考他人为什么要帮助自己，以及如何使他人更积极主动地参与项目，从而让整个项目小组建立起一致的目标意识和强烈的自驱参与感。

达成一起做的共识

在游戏中，我们和其他玩家一起协作，是因为大家需要开共同的副本、打共同的怪；而在工作中，我们和其他员工一起协作，是因为大家背负了共同的OKR、有共同的目标。所以，在每个双月的周期里，我们应该和其他协作方确定下个双月的OKR是什么，从而将大家的协作目标绑定在一起，以便更好地推进合作。

在具体的项目上，我们就需要从必要性、成本性、收益性的角度来帮助达成"大家需要一起做"的共识。

必要性。为什么必须做这个，做别的项目行不行？要知道，其他协作方并不是非要开这个"副本"不可，他们也有别的选项可以参考。只有足够有吸引力的项目，才能让人无法拒绝。

成本性。做这个项目要投入多少，整体成本对协作方来说是否相对可控？对于成本，每个人都需要考虑。如果能用一个很低成本的投入"撬动"一个足够高的收益，何乐而不为呢？

收益性。做这个项目预估能有什么好处？往俗气一点说，每个人都追求升职加薪，也都难免需要写各种各样的总结和汇报，只有做的项目足够"大"、足够有"影响力"，才能吸引到协作方，激发大家的动力。

在上述的三个方面里，如果只有必要性，无疑是以势压人，对方虽然没有办法拒绝，但是难免会做得心不甘情不愿；加上低成本，起码让对方好受一点，不需要花太多的成本；如果能够再在项目里挖掘出价值点和高收益就更好了，可以从正向激发协作方的意愿。所以，必要性不可拒绝、低成本控制投入、高收益以利诱人，就能构建起一个让人不可拒绝的"说服三角形"。

还是以小橘的校招项目为例，她要如何更好地说服其他业务部门参与呢？

首先是必要性，每年公司都会有校招活动，以实现招聘和宣传的目的，今年的校招活动在人力资源副总裁和各个业务部门的高层副级人物层面都达成了一致意见（取得共识），推动公司将校招列为今年9月、10月双月的公司级项目，让整个项目师出有名。

其次是成本性，和去年相比，今年的宣讲会迁移到了线上，第一轮大规模的笔试外包给了专业的校园招聘方，第二轮的面试才需要内部业务部门的支持，显著降低了对于人力和时间的占用（成本降低、相对可控）。

最后是收益性，这里不仅要关注团队的收益，还要考虑到参与者的收益。对参与项目的员工来说，校招项目被记作OKR的一部分（算业绩），自己还可以得到人力资源部门颁发的校园宣讲官的荣誉证书（精神奖励）和纪念品，面试官所在的部门还有优先挑选应届生的权利（团队挑选候选人的优先级）。

在业务部门看来，只要投入不多的精力就能很好地完成公司级项目，对大家来说都是可接受的。而具体到参与项目的员工，还能够得到证书和纪念品，校招所耗费的时间和产出本身也可以作为OKR的一部分，大家的积极性和能动性也就更高了。

形成一起做的氛围

既然和协作方达成了一起做的共识，那么接下来就要确定我们该如何一起做。在现在以智力工作为主导的工作场景下，我们在做项目的时候需要的并不只是对方的人到了，而更是对方的心到了、脑到了，只有这样才能真正提升业绩、产出结果。

对比群面时的协作，我们最想要的是每个人都能参与讨论，群策群力。当我们在工作时，一样需要激发大家的参与感。参与感是强迫不来的，想要鼓励别的同事也加入，最好的方法莫过于让他们认为这是自己的项目，引导他们说出自己想要的方案。毕竟，每个人都愿意做自己的方案，而不是被说服使用别人的方案。想要达到这个效果，就需要基于对对方能力的预估和信任，给予对方充分的信息背景，并接受一定的方案掌控权折损。

首先,我们要确定对方有能力承接这个项目,需要参与讨论。开放讨论并不意味着没有准入条件、没有讨论方向,而应该是在严格限定准入条件的基础上进行开放讨论。比如,如果我们要邀请校园宣讲的同事参与,那么对方是否有宣讲经验、是否参与过校招环节等,都是我们需要限定的准入条件。如果拉一个完全没有参与过校招环节的员工参与,那么与其说是讨论,不如说是自己在给对方进行科普。既然拉了对方来参与讨论,那么对方的意见自己到底是听还是不听呢?

其次,在限定了参与者确实有能力参与讨论之后,我们就需要给予他们充分的信息背景。在企业协作工具充分完善的今天,信息的同步也变得更加容易。我们可以通过企业内部的共享网盘、共享文档,或者建立项目邮件组和讨论群的方式,确保信息被同步到每个人手中。比如,对于校招的安排、时间表、各个阶段的里程碑拆分,都要以共享文档或日历备忘的方式同步给参与讨论的同事。

既然让对方参与了讨论,就势必要接纳对方的意见。本着"求同存异、对齐衡量标准"的原则,我们可以让每个参与者负责设计和改动自己的环节。为什么要让参与者来迭代方案,而不是选一个最有经验的人来拍板呢?因为方案最终的落地效果不仅取决于方案本身的合理性,也依赖方案的完成度,有如下公式:

$$\underline{方案效果 = 方案的合理性 \times 方案的完成度}$$

一个由经验人士确定的方案,可能是100分的最佳方案,但是因为落到不同执行方的层面,大家的完成度只有60%,那么整体的方案效果也就只有60分;另一个由多方参与迭代、在进行种种平衡之后确定的80分方案,因为每个人都有参与,所以完成度有90%,那么整体的方案效果也就达到了90分。

两者相比之下，孰轻孰重，自不待言。让参与者负责设计和改动，虽然会破坏项目的强管控和一致性，但是通过让渡项目的掌控权，我们换来的是一群有经验的参与者更高的参与度和完成度。

向上管理三步法

学习了如何协作，我们掌握的是跨团队的"横向领导力"。而进一步，我们还需要掌握如何向上管理，和直属领导进行更有效的沟通与协作。上文提到很多领导不喜欢"玻璃心"的员工，因为这些员工总是处于一种阴晴不定的状态，不知道什么时候就会有状态的波动，因此领导不能放心地把项目交给他们。那么，站在领导的角度，他会偏爱什么样的员工呢？标准很简单：领导偏爱产出稳定，能够做到事事有回响、件件有着落的员工。

基于此，我们就可以提出**向上管理三步法：及时反馈、产出业绩、充分沟通**。

及时反馈

及时反馈是一个职场人的基础行为准则。每个职场新人总会有一段时间是被动承接领导安排的工作的，那么当被安排到工作的时候，就是我们需要及时反馈的起点。

首先，可以在接到任务的当下，基于自己的理解复述一遍任务给领导，确保自己的理解没有偏差。然后，可以按照每两天的时间维度去主动同步和更新进度，如项目的计划、项目的进程、取得的进展等。之所以要及时反馈，并不是说反馈与否我们的项目进度就会出现变化，而是为了借此让领导知道自己的进展没有脱序脱轨，提升自己作为一个员工的工作确定度。

在日本，有一种广受好评的管理沟通方式，称为"五步工作部署法"，是指领导在给员工交代和部署工作时必须沟通五次，这五次的内容分别如下。

（1）讲清楚具体事项。

（2）让员工原封不动地复述事项。

（3）和员工讨论该事项的目的。

（4）交流并做出该事项的预案。

（5）让员工围绕该事项阐明自己的观点。

站在领导的角度，这五步法的重点是需要确保上情下达，确保信息在传递的过程中没有偏差，尽量维持精确度。站在员工的角度，我们就可以从这五步法里抽离出领导需要什么：他希望通过复述事项、交流预案、阐明观点的方式，确保我们真的明白要做什么了，避免我们在执行的过程中产生偏差。

此外，及时反馈要求我们做到既报喜也报忧。如果你在工作中碰到了难题，在自己尝试解决无果的情况下，还是要尽早抛出问题，争取领导的支援。在很多职场新人的身上我们时常会看到一种执拗，他们只顾自己闷头解决问题而不寻求帮助。如果领导对过程管理有所疏忽，就会碰到员工直到截止日期之前才告诉自己他碰到了大麻烦，不能如期完成项目的情况。那样，你带给领导的就绝对不是惊喜，而是惊吓了。

产出业绩

如果说及时反馈是流程正义,那么产出业绩就是结果正义。向上管理应该成为一种沟通和协作的方法,为的是让我们能够更好地工作和产出,而不应该成为一种价值导向,让我们沉迷于汇报和迎合,忽略了自己的产出。

在古代,有的朝代皇帝会重用两种人,一种是能臣,另一种是佞臣。前者靠产出、提升皇帝的依赖度赢得位置,后者靠迎合、提升皇帝的满意度赢得位置。

客观地说,如果在一个流动封闭、选项单一的皇朝背景下,选择做一个佞臣似乎是一种投入产出比比较高的方案,只要能逗皇帝开心就可以升官发财。能臣往往会和皇帝的意见相左,因为不符合圣意而被贬到边远之地,等到国家危难时才会被重新启用;而佞臣只有偶尔碰到了皇权更迭才会面临系统化的风险,如老皇帝驾崩、新皇帝不吃自己这一套了,就只有告老还乡。

但如果放到更开放、更有充分流动性的今天,公司的选项变多了,我们可辅佐的"皇帝"选项也变多了:此处不留爷,自有留爷处,我们永远有退路,永远有更多的选择空间。即便在自己所在的公司里,自己的领导确实有任人唯亲的嫌疑,但我们仍然可以选择一条难一些的路,让自己成为一个能臣。

一方面,领导上面还有人,总监上面会有CEO,CEO还会面对来自投资人和董事会的压力。不管每个领导的偏好如何,他们都需要由团队来产出业绩,为自己做业绩的支撑。只要我们有显著差异化的产出,领导就会需要我们。

另一方面,选择做能臣极大地提升了自己的主动权,让自己的发展更多地把握在自己的手里，而不必依赖于领导的喜好。如果领导喜欢我们，双方能够形成双向的正循环，那么自然皆大欢喜；如果领导对我们无感，那么大家保持清晰的工作边界，我们完成好分内的事情，得到对应的支持和公正的评价，也是一个可接受的选项；如果领导明显偏好他人，甚至有点行事不公了，那么我们就可以好聚好散，积极寻找下家。"良禽择木而栖，贤臣择主而事"，我们永远可以选择更好的公司和领导。

充分沟通

对初阶的职场人来说，及时反馈让自己对领导来说更具确定度；对中阶的职场人来说，产出业绩让自己对领导来说更有价值。那么，接下来呢？

强调产出业绩并不意味着就可以不好好说话。历史上，一众言官拼死直谏、以图青史留名，"要么方案被通过，要么脑袋撞开花"的方式并不值得我们学习。强调产出业绩只是想说明，我们不需要把精力过多地放在如何迎合领导、顺应其喜好上。

为了方便工作，日常的充分沟通还是必要的。只有充分沟通，了解领导的表述习惯，建立起互信的基础，我们才能理解领导的安排和目的，确保双向的信息流动没有偏差。

当然，沟通是双向的，我们不仅需要接收信息，同样需要输出信息。我一直强调要以协作和共赢的态度来进行合作，而不是单向地接收信息和被安排。所以，请坦诚和大胆一些，让领导充分了解自己的状态和诉求。只有让领导明确我们的诉求，领导才会明白如何安排工作才能激发我们的主动性和积极性，才能实现双向共赢。

请主动和领导约定一个双周或单月的例行一对一沟通。在一对一沟通中，不仅需要聊事，更需要聊人。关于工作安排的部分，领导已经在日常工作中布置下来了，不需要再额外约会议了。要知道，和领导充分沟通是我们的诉求而并非领导的义务。可以充分利用单独沟通的机会，询问领导对自己的评价和建议。如果评价是负向的，就对齐信息的偏差、提出改进的方向；如果评价是正向的，就可以"顺杆爬"，提出自己的诉求。

比如，在一次例行沟通中，领导评价小橘"整体的积极性有余，但是严谨性不足，很多环节都有小的疏漏"。那在这种情况下，小橘可以核实一下领导所说的问题是否真实存在，还是很多事情自己做了但领导不知道，导致双方之间存在信息的偏差。如果是真实存在的问题，除了表决心要改进，还可以向领导求助，看看有什么更好的处理方法，如更完善的标准作业流程等。

又如，在最近一次沟通中，领导对小橘在最近一段时间的表现表示满意，那么小橘就可以进一步提出自己的诉求，如是否存在轮岗的机会，不仅做招聘工作，也能做业务支持工作，深入业务中了解需求，发挥HR更大的作用。

很多同学在咨询的过程中，都会表现出过度尊重权威的情况。他们常常会担心：我这么表达真的合适吗，我说自己的诉求是不是显得太直接等。仅以我个人和我身边做管理岗的朋友们的经验可知，只要不是狮子大开口，领导通常都会参考员工本身的发展意愿。领导真正担心的不是可预期的诉求，而是不可预期的"惊吓"。多一些就事论事的坦诚沟通，有助于双向协作的有效性。

对待自上而下的任务，保持及时反馈，不要让领导担心脱序脱轨；

稳定产出业绩，让自己成为不可或缺的角色，只有这样才具备向领导提要求的基础能力；通过一对一沟通听取领导的意见，开放、坦诚地提出自己的诉求。只有这样，才能成为一个让领导放心且愿意提供资源支持和发展机会的员工，实现产出的提升和自己的成长。

汇报的结构与形式

"世界上最好的编程语言是什么？"

"PPT！"

尽管各个大厂的要求不一，但我们还是难免会在年终总结、晋升报告的场景下碰到需要做PPT汇报的情景。我们并不需要做出如同各大手机厂商发布会上那样光鲜亮丽、动态十足的PPT，但至少需要掌握一些汇报的基础方法论：如何搭建PPT的逻辑结构、如何呈现数据，以使我们的汇报结构清晰、易于受众理解。

四步梳理逻辑结构

Word也好，PPT也罢，都只是内容的载体。无论什么载体，如果脱离了一个清晰明确的逻辑结构，就难免会落得华而不实的评价。那么，我们应该如何组织一个清晰明确的逻辑结构呢？这里有两个可以参照的基础原则：其一，MECE法则；其二，金字塔原理。

两个基础原则都出自芭芭拉·明托所著的《金字塔原理》一书，这本书也是麦肯锡公司的经典培训教材。MECE（Mutually Exclusive, Collectively Exhaustive）法则是指我们在准备过程中的思考模式，通过

"相互独立，完全穷尽"的方法，确保我们能够不重不漏地枚举出所有子结构，最终得出结论。金字塔原理是指在我们在输出分享时需要遵循的写作方法，通过"核心结论先行，再逐一论述"的过程，先总后分，形成了一个金字塔样的表述结构。

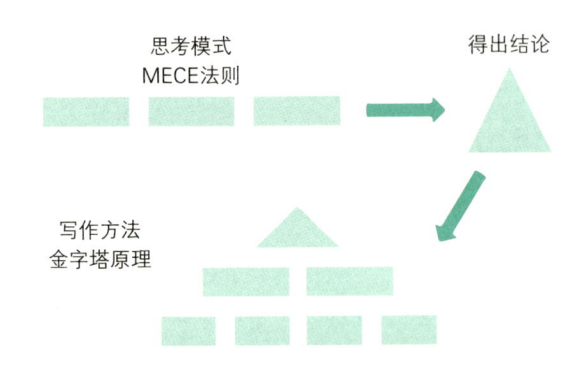

概括来说，我们可以用"要点结论先行、过程分别论证、案例不重不漏"来校验我们的思考和写作过程，以实现严谨的思维梳理、完备的结论输出。

以小橘向领导汇报校招待招录名额的场景为例。

普通汇报方式是："老板，商业产品部要增加3个名额，用户产品部要增加4个名额，客户端研发部要增加5个名额，服务端研发部要增加6个名额……"话还没说完，就要被领导打断了，因为太早落实细节容易让受众抓不到重点、找不到头绪。

符合金字塔原理的汇报方式是："今年校招，业务侧提出产品侧增加7个名额，研发侧增加11个名额，分别是……，提出这些名额的原因是……"只有先说中心思想，才能让受众建立起大的框架，从而更好地理解我们所要表达的重点和诉求。后续，我们可以围绕问题进行拆解，再逐个说明理由。

如下图所示。

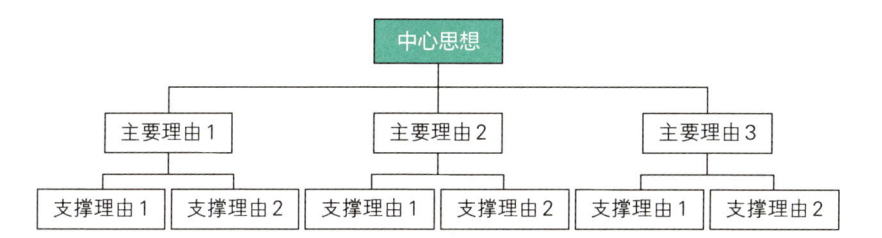

```
                    中心思想
         ┌────────────┼────────────┐
      主要理由1      主要理由2      主要理由3
      ┌──┴──┐      ┌──┴──┐      ┌──┴──┐
  支撑理由1 支撑理由2 支撑理由1 支撑理由2 支撑理由1 支撑理由2
```

- 首先，说明中心思想。
- 其次，分述能够佐证中心思想的几个主要理由。
- 再次，在每个主要理由之下，详述支撑这个理由的案例。

金字塔原理之所以有效，就是因为这个框架顺应了人们的思维方式。受众在听和读的时候，会将接收到的内容进行不自觉的归纳整理，从而将听来的信息装入一个框架中，方便理解和记忆。如果演讲者考虑到了受众的信息接收特点，预先对内容进行结构化梳理，就能降低受众自主思维的信息处理成本，从而使其更容易按照演讲者所提的框架进行思考。

那么，如何构建出有关汇报内容的金字塔结构呢？有以下四个步骤。

（1）提出中心思想：这次汇报想达成什么目的？是做项目的立项，还是提自己的晋升，抑或是说资源的申请？那就把核心结论，即要立项的项目、自己要晋升的职级或要申请的资源量级先说明白。

（2）基于自己对问题的理解，拆解出不同的组成结构：从项目提出者的角度，拆解出自己理解的问题组成结构是什么，每部分的论据是什么。

（3）预判受众的疑问：换位思考，如果站在领导和评审的角度，他们会提出什么问题？在我们已有的模块拆解里，是否已经覆盖了这些疑问？如果没有覆盖，那么可以将这些疑问放到哪个部分？

（4）拆解与疑问的再梳理，得到最终结构：基于步骤（2）和步骤（3），我们分别从主客观视角对问题进行了拆解，就可以将这些内容进行结构化梳理，装进金字塔结构里。

上述结构其实在我们准备面试的过程中也用到过。我们既需要从自己的理解出发，提炼已有项目的逻辑框架，也需要从常见的面试问题（专业性和通用性问题）出发，进一步完善这一框架。

同样以小橘的校招项目为例。

- 中心思想是什么？这次校招需要增加多少个名额，其中各个业务角色分别招多少个。
- 问题的拆解是什么？如何得出的这个名额目标。这个名额目标是通过收集和汇总每个部门的需求而来的，从中可以拆解出各个部门要多少人、分别是什么业务角色。
- 受众的疑问是什么？站在领导的角度思考，他不仅需要信息的收集和统计，还需要了解从HR的角度出发，各个部门的需求是否合理。这个合理性可能体现为新增名额和部门已有的人数、未来的业务规模增速之间的关系。

那么，重新梳理后就可以形成结构：中心思想是这次校招要招聘多少人（上报多少人、经过HR初步核查应该招多少人）；理由是各个部门上报的名额组成情况，以及基于部门已有的人数和未来的业务规模增速得出的修正数据；基于此，决定哪些部门的上报人数需要做出调整，如哪些报少了、哪些报多了。

在接到这样一份汇报后，领导就可以根据小橘拆解出的分析过程做出对应的判断和反馈，从而快速得到一个阶段性的结论。

选用合适的图表呈现数据

在使用 PPT 的时候，免不了通过图表来呈现各种数据。尽管我们可以用不同颜色和加粗来表明数据间的关系，但是通过折线图、饼图等图表能更好地传递数据间的关系（如时序性、对比性等）。那么，接下来就让我们认识一下不同的图表有怎样不同的表达效果吧。

- 柱状图和条形图：适用于较小规模的二维数据集（每个数据点包括两个值 x 和 y），但只有一个维度需要比较的情况。柱状图用柱子的高度表达差异性，条形图用条的长度表达差异性。其中，柱状图更适合反映在时间维度上的对比（x 轴作为时间，y 轴作为数据的对比）。在同样的数值差异下，条形图更能够凸显差异性，让人更显著地感知到不同数值间的变化性。
- 折线图：与柱状图和条形图不同，折线图更适合表达大规模的二维数据集，并同时展示多个二维数据集之间的对比关系。我们可以用折线图来更好地表达长时间维度下的趋势变化，让人看出数据的涨落波动。
- 饼图和环图：适用于展现总分关系，在子项目不多的情况下，可以显示出不同子项目的比例和权重。由于肉眼对于面积的大小不太敏感，所以只有数据差异比较大的时候，才能在饼图和环图的结构里让人感知到差异性。

- 漏斗图：在分析业务流程和各环节流转的过程时常用到此图表，既能够显示出各环节的转化率，也能够让人更明确地看到各环节的问题所在。
- 散点图：多用于表现不同数据源之间的相关性特点。如果数据集合中包含非常多的点，那么散点图就是一个比较不错的图表表达形式。
- 词云：基于词频的高低影响单词的大小，通常可以用来做一些用户画像、用户标签的工作，给用户带来直观的感受。

如果对本节内容感兴趣，可以进一步细读美团"四大名著"中的《金字塔原理》和《用图表说话》。

Tips

学校有学习的方法，公司有工作的方法。我们需要掌握更有效的工作方法，只有这样才能让自己成为这部机器上高效运转的一环，从而更好地撬动组织的杠杆。

无论是开会还是写邮件，都是我们需要掌握的协作方式，从节约他人的时间出发，就能最终节约自己的时间，从而提升效率。

如果我们将领导看成能够支持自己做更多事情的资源方，或许就能改变我们对待领导的态度，通过及时反馈、产出业绩、充分沟通，与领导建立更良性的互动、更互信的关系。

汇报要做到要点结论先行、过程分别论证、案例不重不漏，选用合适的图表呈现数据。

第四部分

大厂下一站

我们终将从一个阶段毕业，走入一个新的阶段，工作也是如此。

当我们不再疲于应对每日的任务，能够游刃有余地处理工作时，也就有余力思考以下两个问题了。

- 我想要的工作内容究竟是什么？
- 我想要的工作节奏又是什么？

我们不再按部就班、被动地等待安排工作，而是主动出击、尝试新的工作方向和赛道，寻找更能发挥自己长处的工作，更好地平衡工作和生活的关系。

当我们已经在大厂里有了充分的积累、身居高位之后，环顾四周，发现自己在大厂这座高山上已经没有了去处。此时，是眷恋此山，还是换一片新的天地，是我们每个人都需要做出的选择。大厂帮助我们起步，完成原始积累，却不见得能够承载我们全部的梦想和野心。

人生，就是一场别离跟着一场别离，也是一个开始跟着一个开始。

大厂下一站，开始遇到新挑战，开始遇到新精彩，开始遇到一个全新的自己。

第二十章 大厂是人的异化吗

大厂里的异化

在工作两年之后,茄子选择了离职。她在实习期就进入了某大厂,也因此提早锁定了 Offer。在毕业前,她和同学结伴去西藏旅游。而正是这段毕业旅行的经历,让她第一次思考自己在大厂工作的必要性。

无论是在布达拉宫还是在大昭寺,在同学端起相机拍、拍、拍的同时,她只能捧着自己的手机不停回复消息,以至于同学都开始打趣她:"你究竟是负责了多么重要的工作啊,一会儿都离不开你!"而因为某日下午手机没有信号,她错过了好几个项目信息的同步,被导师严厉地批评了。备受委屈的茄子在川流不息的街道上如坠冰窟,在挂着满脸笑容的人潮中蹲下来抱头痛哭:自己的工作真的有那么重要吗?自己真的需要为了工作无时无刻不保持在线吗?

尽管茄子最终平复了情绪,完成了接下来的毕业旅行并如期入职,但是这件事就像一根刺一样扎在了她的心底。经过两年的高强度工作,已经升职加薪的茄子还是选择了急流勇退,从大厂离职。她在朋友圈中写下:这一刻,我要做我自己。

大厂,似乎已经成了"高强度工作"的代名词。

关于工作繁忙的大厂,业界常有各种各样的段子,如"一进头条就失联,一进拼多多就失踪"。如果你有朋友加入了某大厂工作,因为工作繁忙，你很可能在各种社交群里就见不到他说话了，想要约他出来吃饭都只能凑大小周的安排，因为只有那一周他才双休，甚至有时候连周末都不太可能约他出来。我曾经约一个在某大厂工作的朋友出来吃晚饭，9点半晚饭结束，他还是背起书包返回公司加班。

一日，我参加某论坛。席间，一个美团的技术小哥说："不要去某大厂，那里不把人当人看，工作压力极大。"为什么连工作压力并不小的美团工作人员，在提到某大厂时依然避如蛇蝎？恐怕在那里，工作量已经大到超过很多人承受的界限。

过劳，群体性过劳，正让很多大厂的员工开始逐步异化：工作成为一种生理本能，似乎只有让工作完全占据自己的时间，才算得上是一名称职的员工。在繁忙的工作中，自己的爱好也不知不觉被消磨殆尽，曾经喜欢弹的吉他已经被放到角落里落灰，曾经偏爱的游戏再也没有时间拿起。人在大厂开始异化，从一个多维度立体的人变成了单一维度的"社畜"。

如果你在每日的工作中慢慢迷失，像机器一样不停地被驱动、被掌控，如果你已经习惯了"996工作制"，甚至对两点一线（公司一家）的往复生活渐渐习以为常，那么你或许应该警醒一下，自己是否已经在不知不觉中被大厂所异化？是否也需要停下来做自己？

明确意义，拒绝"绑架"

在微博上曾经有这样一个段子。很多人不敢按时下班，在下班之后还要伪装自己在工作状态，给自己泡一杯枸杞热茶放在桌子上，将衣服和书包留在工位上，做出一副人仍然在公司、持续工作的样子。明明工作做完了，却想下班而不得；明明整个人已经扛不住了，却仍然不得不耗在公司。这不是爱岗敬业的表现，而是被公司、被工作"绑架"了自己的时间。

所以，反对异化等于反对加班吗？并非如此！

我相信你一定有打游戏、追小说、追剧熬通宵的经历，我也有写代码、写方案在桌前一动不动坐好几小时的经历。为什么我们在做有的事情时能够不眠不休、持续很久，而在做另一些事情时却如坐针毡、一分钟也不想多待呢？

引发这一问题的根源可能在于工作内容太过细分化、太过琐碎化了。太过具体且琐碎的工作内容使我们在工作中只能看到一个非常窄的侧面，只知道从KPI的角度需要完成这个任务，却不知道从OKR的角度为什么要完成这个任务，从而使自己对工作失去了意义感。

《精力管理》一书中谈及了如何保持精力充沛，书中专门强调**在精力管理金字塔顶部的就是"意义感"**。即，当你有很强的使命感、明确自己为什么要做一件事情的时候，你的整个精神状态是充盈向上的，自己给自己"打鸡血"，在工作的过程中找到乐趣。

在那个论坛结束后，我专门找美团的技术小哥聊了聊：明明美团研发的工作压力也是数一数二的大，为什么他却要怼某大厂的工作量？聊了几句之后我就明白了，他对于一份工作

意义感
目标、使命

注意力
专注、聚焦

情绪
感恩、乐观、兴奋

体能
饮食、运动、睡眠、健康

优劣的判断，并不是基于工作量和工作时长的考量，而是基于工作意义感和可控性的考量。

意义感的部分，他在美团负责的是平台调度中如何将订单分配给外卖员的算法部分。从技术层面上说，基于纯效率最优的角度迭代整个平台的机制，是一件非常有技术挑战性的事情；而从社会价值层面上说，他每个月都会组织和外卖小哥进行沟通，从人本的角度去平衡系统，不至于让自己成为一部只会工作的机器。

可控性的部分，更多的在于他对自己时间的掌控。虽然整体工作压力和工作量很大，但是他仍然可以自主地控制上下班时间，公司对于自己只有工作产出的考核而无工作时长的要求。状态不好了，下午6点下班去游泳和打球，调整好了状态之后，再回到自己的挑战中。

拒绝对于工作时长的"绑架"，明确工作的意义，可以让我们改变对待工作的态度，将"被安排做"变为"我想要去做"。

加班的概念源于我们对工作时间人为地设置了上限，超过这个上限就算超过了自己的心理预期；而一旦放弃时间维度，转而关注产出和工作意义的维度，我们的心理预期也就发生了变化，**从计时变成了计事，有了更自主的节奏**。我们并不是拒绝长时间的工作，而是拒绝无意义的、被"绑架"的加班，我们要在有限的时间里追求自己觉得更有意义的事情。

保有说"不"的权利

我始终都在强调，在职场中要始终保有选择的权利，即说"不"

的权利。我做，是因为我愿意做（Want To），而不是不得不做（Have To）。当我不想做的时候，可以从容地去沟通，而不是一味承担。

对于工作，我们可以更积极地做出选择：选择目标、选择边界、选择环境。

我们可以选择目标，锚定一个更具有意义感和挑战性的目标。这个目标不是为了考勤、不是为了绩效，而是确确实实能够激励到我们。它可以是一个有挑战性的任务，可以是一个感兴趣的项目，也可以是一个愿意学习的方向。将这个目标和工作内容相绑定，能够让我们更好地提升工作的积极主动性，在工作中找到乐趣。

这种目标感的设定正好契合了心流的理论。这一理论强调，**当能力与挑战难度都处于一个较高的水平时，人们就更容易进入忘我愉悦的工作状态，全情投入并乐在其中。**

以我自己为例，在知乎做职业教育的日子里，我每天的工作时间是早8点到晚10点，一周5天总是披星戴月地回家。虽然身体上倍感疲惫，但整个人始终处在一个精神亢奋的状态下。无论是职业教育销售模型的迭代，还是运营模型和服务机制的迭代，无不让人感到成就感满满。尤其是在了解到自己的团队工作效率显著高于行业运营效率，或者切实将产品的迭代机制运用于运营服务标准作业程序，从而迭代出了最优的解决方案时，那种愉悦感和满足感就成了辛勤工作最好的回报。

我们可以选择边界，不让工作事务侵占太多生活的空间。 人不是机器，持续保持在线工作的状态并不能让我们的产出更多，而更可能让我们疲于奔命。只要我们在工作心态、工作习惯上做出一些调整，就能够逐步做到有效隔离工作和生活。

把自己视作产品：互联网大厂求职、进阶之道

<u>在工作心态上，要明确我们卖给公司的是产出而不是时间，我们从公司获得的是双赢而不只是损耗。</u>只有在工作心态上明确了和公司的协作关系，才能在行动上做出调整。

在工作习惯上，尽量将工作上的沟通留在工作的 IM 工具或手机设备上，尽量不要混用个人微信。在工作的 IM 工具上设置静默时间，超过特定的时间就不再弹出提醒，这样也能在状态上告知协作方，现在是自己的非工作时间，如果有紧急的事情直接拨打自己的电话。在国外，更有工程师在工作时间之外直接将自己的头像设置为黑白，明确告诉对方：对不起，现在我对于工作不应答。

<u>选择在休息时间从工作中离线，是为了在工作时间更好地恢复在线，只有始终保持张弛有度的状态，才算是一个更高效、更平衡的工作状态。</u>

我们可以选择环境。良禽择木而栖，当我们有能力在丛林里觅食的时候，我们就有了更大的选择空间，不需要为一家不尊重员工的公司服务，而可以选择那些平等协作、高效赋能的组织。我们在考虑就业市场的双边特性时不难发现，更好的选择永远只留给更有竞争力的人和公司。所以，只有找到尊重员工的公司，找到具有意义感的工作，投入其中让自我提升，才能形成持续的正反馈循环，让自己具有更多、更好的选择。

每个系统都会形成自己的运转规则、会对身在其中的人构成影响，但是否从思想上接受这种规则，是否从行动准则上接受这种影响，是作为个体的我们可以选择的。<u>只有保有说"不"的权利，明确工作的意义，拒绝制度的"绑架"，才能让自己在各种系统下保持不被异化，始终做有棱角的自己。</u>

> **Tips**

从体能到情绪到注意力再到意义感,我们追求精力的更节约使用与更有效管理。

只有明确工作的意义,才能避免被工作时长所"绑架"。

选择目标、选择边界、选择环境,在职场中永远保有说"不"的权利。

第二十一章　高处不胜寒？
攀爬职场进阶金字塔

对"80后"来说，追求不断的晋升，攀爬职场进阶金字塔似乎是一种潜移默化的选择；而对"90后""00后"来说，开始有更多元化的发展目标，思考在职场之外的全新可能。

晋升高阶职级或成为"斜杠"青年，是我们面对职业发展和人生规划的两个选择。选择并无优劣之分，却需要回答同样的核心问题：在成长的过程中，自己追求的是什么？

职场进阶金字塔

只要不是故步自封、裹足不前，我们大概率会在自己的工作岗位上以或快或慢的速度完成积累、逐步晋升。在各大公司，晋升通常有两条道路：一条是专业道路，另一条是管理道路。

前者侧重于专业能力上的提升，通常会有"专家""资深专家"等职级。在工作中，专家和资深专家通常没有直接向他们汇报的从属团队，而是以项目制的方式来驱动不同的临时组织进行业务的迭代。

后者侧重于管理能力上的提升，通常会有"经理""总监"等职级。在工作中，经理和总监通过资源的调度和再分配来驱动业务目标的实现。

专家和经理的区别，可以概述为一个更偏管事，另一个更偏管人。尽管在汇报关系上专家会向经理汇报，但是二者在职级层面是平行的，从业务推进的角度大多也是平行和协作的。

以阿里巴巴的晋升体系为例，呈现如下表所示的层级关系。

级 别	职级名称	级 别	职级名称
P10	研究员	M5	资深总监
P9	资深专家	M4	总监
P8	高级专家	M3	资深经理
P7	专家	M2	经理
P6	资深工程师	M1	主管
P5	高级工程师		
P4	中级工程师		
P3	初级工程师		

当校招入职时，新员工大体在P3或P4的级别。随着在专业领域的不断积累和提升，通常前期每一年或每一年半晋升一级。当到了从P5升P6的节点时，就有两条道路可以选择了：一条是沿袭专业路线，在P序列上继续晋升；另一条则是转为管理路线，在M序列上进行晋升。P序列和M序列在前期同根同源，因为公司希望管理者是有专业能力背景的，只有这样才能从专业的角度出发，更好地进行团队管理和资源协作。

从职级要求来看，越向上晋升，能力要求越高、机会越多元，晋升也会变得越困难。让我们对比一下初阶职级和高阶职级的晋升要求。

	初阶职级	高阶职级
角色定位	1. 对业务有较系统的了解，能够较准确地领会领导意图和任务目标，并能够独立完成相关工作。 2. 除担任主要执行人员外，还可以辅助领导做一部分统筹和协调的工作	1. 参与公司的战略讨论和战略决策，并能够进行战略分解和任务分解，带领产品业务线取得成功。 2. 对方案进行审核和校验，确保具体的执行方案是公司战略的有效分解和变现
角色特点	不仅能独立完成，还能起到部分协调的作用	1. 战略的讨论和决策者。 2. 战略和任务的分解者。 3. 改革方案、执行方案的审核和校验者
建议工作年限	2～4年	8年以上

从上表中我们可以看到，初阶职级的晋升更多是看能力的积累和提升，确定性相对较高，只要你每年较前一年表现出了能力上的提升和进步，就能够获得对应的反馈；而高阶职级的晋升会更多地考量实际产出，只有做出了切实的业绩，才会得到晋升的提名。所以，大家会普遍认为在P7或P8以上，候选人的专业能力本身没有特别大的差异，是否晋升更多地取决于所承接的项目规模、业务半径大小，以及项目的产出情况。

也就是说，**初阶职级看能力，即能干什么，而高阶职级看产出，即干出了什么**。因此，想要成为高阶专家或管理者，就需要更主动地承担项目使命和项目任务，丰富自己的项目经验，提升自己的决策判断能力。

乘法选择：攀爬职场进阶金字塔

对内追求自我提升，对外追求升职加薪，对职场人来说算是一种比较常规的选择。这条晋升之路，我们可以称为乘法选择。

之所以说是乘法选择，是因为<u>晋升高阶职级之后，我们所提供的职场价值不再是一个人的产出价值，而是一群人的产出价值</u>。这不是简单的团队产出的叠加，而是通过领导决策质量的提升，对所辖团队的产出进行赋能。在如下公式里，我们所扮演的就是那个系数Ratio的角色。

$$\text{Team Output} = \sum \text{Output} \times \text{Ratio}$$

在年终汇报的文档里，一个团队负责人写下的也不再是"我做了什么"，而是"我的团队做了什么"。无论是P序列还是M序列，我们不仅需要对自己负责，更需要对自己所调动的资源负责：做什么、不做什么、先做什么、重点做什么。

随着晋升的过程，我们的主观能动性在不断提升。刚入职的时候，我们每天被动地告知需要做什么、需要怎么做，处理的都是确定性的问题；而成为高阶专家或管理者之后，我们会喜忧参半地发现，自己可以更主动地决定自己要做什么了，可眼前也没有现成的路径了，每天要处理的更多是不确定性的问题：当下团队碰到的问题要怎么解决？下一个阶段团队的方向又在哪里？

从被动到主动、从确定到不确定，从单独作战到团队作战，晋升之路让我们拥有了更多也承载了更多。<u>除肩负的责任和收获的利益外，晋升之路还蕴含着两重风险：其一，能力结构的风险；其二，天梯坠落的风险</u>。

能力结构的风险

能力结构的风险是指,我们因为追求晋升而提升对应的能力,使自身的价值和公司高度绑定,使自身的能力只有在特定的公司环境下才能发挥出功效,失去了普适的市场价值。

比如,对于M序列的初中阶管理者,我的建议都是:不要只关注管理,而要始终保持对于业务的敏感性和判断力。如果你为组织提供的核心价值是管人用人,那么你在一个相对稳定的环境里是可以获得按部就班的升迁的,但是换到一个全新的环境里,当面对完全不同的团队的时候,你还能输出多大的管理加成?这种对于团队的加成是否还能表现出足够的效果?

很多公司在招聘中层技术管理者时,核心的诉求不仅是能管理多少人,更重要的是能带来多少人。它们期待的是一个中层技术管理者能够"平移"来一个新的团队,而并不需要一个人来管理现有的团队。

除脱离业务的风险外,我们也需要警惕:自己的能力结构是不是越来越成为只适配大公司的能力,一旦脱离了大公司的优质基础,一身文武艺就不再有用武之地?

举例而言,我经常碰到一些高级产品经理、高级研发工程师在跳槽到中小公司时,碰到严重的"水土不服"问题。一张嘴就是完备的数据分析系统、A/B测试系统、用研系统,他们所熟悉的是在一个高度完善的体系下做出高质量的决策,而一旦脱离了这个体系,他们所依赖的前置输入就没有了,也就无法做出决策了。可中小公司从大厂挖人,希望的是大厂牛人能够解决问题,而不是制造新的问题。

我们需要时刻清醒地进行自我反思:自己今日所取得的成绩究竟是平台赋能后的成绩,还是个体的成绩?以头条系为例,它有非常多数据表现好的产品。因为它具有充裕的研发资源、较强的推荐能力和投放能力，所以其产品收获了非常好的数据指标。但在这个成功中：作为一个具体的产品、运营、市场人员，你对其产出贡献有多大？如果换一家公司，你是否仍然能够输出稳定的产出和价值？

天梯坠落的风险

天梯坠落的风险是指，如果我们滞留在天梯之上迟迟没有进一步的晋升，或者面临无槽可跳的窘境，我们究竟该怎么应对。

如前所述，从专业能力的角度来看，可能在P7或P8以上就不会存在特别大的差异了，进一步的晋升更多考量的是团队的业绩和项目的产出。如果你的项目没有产出呢？对不起，你就会持续停留在能力职级的阶梯上限，止步不前，直到被后来者追平，逐步失去竞争力。这就是越到高阶的人越需要争取项目、争取机会，通过扩大业务半径让自己可以做更多的事情，从而提升做出业绩的可能性的原因。

除如何提升项目产出的内部问题外，高阶专家或管理者面临的另一个问题就是外部市场需求不足。比如，如果你是一个搜索产品专家，但是市面上需要搜索产品的公司就那么多，一只手就数得过来。如果对应公司没有合适的岗位在招，那你的跳槽其实是有价无市的。即，职级太高了，一般的公司不需要或接不住。

在大公司中，除高阶专家或管理者会面临无槽可跳的问题外，初中阶专家或管理者也可能面临溢价过高的问题。在最近两三年间，大公司普遍采用"高薪养人"策略，头部公司更是将薪酬定在了比行业高20%～30%的水平。很可能你在大公司的收入水平已经略高于你的市场价值了，这就使你在重新走上招聘市场的时候，总觉得缺乏有足够吸引力的机会，从而陷入了选择困境。在2021年年末，我所熟悉的一大批公司都开始了裁员以控制成本，而那些被裁掉的人，若以他们在大厂的收入为基线，就不太容易找到工作了。过往大厂为他们提供的收入溢价，在这样一个时间点下变得难以维系。

加法选择：做一个"斜杠"青年

当然，人生的选择不止一个。我的一个朋友藤，就选择了完全不同的路径：不追求职场内的晋升，而选择成为一个"斜杠"青年，让自己有更多元的角色和收入构成。

了解到藤成为一个"斜杠"青年，始于一次晋升沟通。藤在原有职级上表现出色，所以我建议他准备相应的答辩材料，申请晋升更高的职级。可谁承想，他却难得露出了扭捏的神态，迟疑许久才道："可以不晋升吗？"

"不晋升？为什么？"我倍感诧异。

"我看得到老板的工作状态，如果晋升伴随的是更大的工作量和更多的时间投入，那确实不是我想要的。"他说。

"那你想要什么？"伴随着这个问题，我才真正走进了藤在工作时间外的世界。

作为一个内容运营人员，在工作时间内，他出色地完成着自己的本职工作；而在工作时间外，他把大量的精力投入自己的爱好中，那就是"吃"。作为美团的高阶用户，他在大快朵颐的同时，也在美团上分享着自己的美食日记和城市美食探索。一来二去，他不仅成了店家眼里的香饽饽，哪里有新店都会邀请他去体验和测评，还维护起自己的公众号和B站账号，有了一群愿意跟着他去探索城市美食的小伙伴。爱好成了副业，也让他越做越起劲。难怪，他每周都有几天是雷打不动不会加班的，一到点嗖的一声消失了，原来是从主业状态切换到副业状态。

成为"斜杠"青年让藤的收入构成更加多元，主业收入和副业收入的比例为3∶2，某些时候甚至副业收入还要更高一些。正是多元的生活、多元的收入构成，让他在感到更开心的同时，面对生活也更加从容。"说不准哪一天我就辞职全力去做吃播博主了。"他笑着道。

如果说在晋升之路上，我们体现的价值是乘法构成的：团队价值×个人领导判断加成；那么在"斜杠"青年的选择下，呈现的就是一个加法价值：主业价值＋副业价值。通过将自己的精力分散到不同的领域，从某种程度上也构成了自己时间和精力的分散投资。

成为"斜杠"青年是一种逃离狭路竞争的选择。毕竟金字塔越到塔尖越窄，你的每一步晋升都会伴随着激烈的竞争。**"斜杠"更像选择了一条宽阔的路线，而不是将自己的赛道设定在一个狭窄的领域。**因为赛道变宽了，自然也就不会有激烈竞争的感觉了。

成为"斜杠"青年也是一种新的进阶选择。不狭路竞争并不意味着不努力、不投入。一个不努力、不投入的人，不管是做主业还是做副业都不会取得什么成绩，不仅没做成"斜杠"青年，反而变成了"躺平横杠"青年。选择放弃晋升的道路，转而探索更多可能的副业，本身就是一个不断认清自我的过程。我们所看到的，更多是能够同时做好主业和副业的"斜杠"青年，这不仅代表他们很出色，也说明他们很勇敢，愿意跳出职场晋升的窠臼。

把自己视作产品： 互联网大厂求职、进阶之道

无论是乘法还是加法，我们的选择都是在为自己的人生加分：人总是要攀登高峰的，不仅在职场也在其他领域，虽然"高处不胜寒"，但高处也会有别样的风景。

> **Tips**
>
> 晋升高阶职级或成为"斜杠"青年，是我们面对职业发展和人生规划的两个选择。
>
> 晋升高阶职级是一种乘法选择，我们给团队的整体产出带来了加成。
>
> 成为"斜杠"青年是一种加法选择，我们拓展了自己的主副业，让自己有更多元的角色和收入构成。

第二十二章 "35岁大厂魔咒"

在和一位同学例行月度的一对一沟通时，他满脸愁容地对我说："闫老师，我最近压力很大。刚过了30岁生日，对未来的发展很迷茫，不知道该怎么确定未来的发展方向。"

面对他的担忧，我报以微笑："没事，每个人都是从30岁过来的。"随之，我将自己过去的经历讲出来和他分享。但是，目送他元气满满地走出会议室之后，我才突然意识到：在开导别人的同时，自己也在不知不觉中临近了互联网人的35岁门槛。

不知道从何时起，35岁成了"大厂魔咒"。

似乎一个生日过完，周遭的世界就变了颜色：万物都被打上了黑白滤镜，看什么都会觉得了无生气、黯淡无光；只有视野的右上角跳动着的绿色数字——哦，那个是倒计时，在按照分秒计算着你在大厂的生命周期价值，无时无刻不在提醒着你："大限"将至。

考虑到就业市场一直是一个客观的供需市场：你的市场价值不取决于过往十几年的工作经历，只取决于你这十几年的累积价值和未来的价值预估。于是，35岁的"大厂人"被拎上了称重机，需要被重新掂量一下斤两几何。

把自己视作产品：互联网大厂求职、进阶之道

什么样的人会遭遇"魔咒"

晋升与否是一条明确的分水岭，如果没有晋升到对应级别，那35岁以上的中青年人往往更容易遭遇"魔咒"。

在2019年，曾经有这样一条传闻，某公司要求P8级别尽快实现全员35岁以下。它不仅对于团队内部如此要求，对于从团队外部引入的人才也是同等要求。所谓P8级别，大体相当于大厂某个团队的团队负责人、年薪通常过百万元。此消息一出，一时间引得人心惶惶，官方不得不下场辟谣。可是，35岁这道坎，却是真切地留在了人们的心中。

我们一直在说，职业生涯是一场马拉松长跑。可是，正如你所知道的那样，马拉松长跑是有"关门时间"说法的：到了对应的时间点没有超过一定位置的人，就会被淘汰，不能继续比赛。同样，对于在大厂的职业生涯，如果你到达了一定的年龄却没有超过晋升线，也会面临不能继续比赛的麻烦。

有人关心，既然P8级别要求全员35岁以下，那如果我选择不晋升，一直做一个P7级别的员工呢？我可以超额完成P7级别的工作，对应领取P7级别的工资。这个想法在理论上可行，但在实操上有难度，因为你面对的将是来自同事和上级的双重压力。

面对同事，竞争不可避免。人近中年、承上启下，背负的社会压力和家庭压力更大，相应能够投入工作中的时间和精力就少了许多。也许，你和年轻同事在单位时间的输出上相仿，但是你的工作时长（严格地说是加班时长）很可能比不过年轻同事，从而你的总产出就不一定能够比得过年轻同事。在整个行业还持续保持较长的工作时长的背景下，拼加班对35岁的你来说，无论是从精力上还是从体

力上都不太吃得消。

2021年6月17日上午,在字节跳动公司的Open Day上,CEO梁汝波公布了大小周工作的调研结果。他表示,经过调研,有三分之一的人支持大小周,愿意花更多的时间在工作上。临近中年的你也许想着让工作与生活保持平衡,但是背负着重大生活压力的年轻同事还依然"狼性"满满。

面对上级,双方的心理预期都有待调整。从管理者的角度来看,很多人是不愿意管理比自己年龄大的员工的,因为他们往往会认为年龄偏大的员工不服管、不好管;从员工的角度来看,很多老员工的心态也很容易放不平:这个业务基础还是我搭的,这个小年轻凭什么说三道四。

参考公开招聘市场的数据我们能够看到,同样的岗位,大家往往更愿意招聘相对年轻的员工。超过35岁的基层员工会面临更严峻的求职环境。所以,我们常常感慨国外有40多岁、50多岁的互联网人,而在国内很难见到40多岁的互联网人。

"35岁大厂魔咒"原因何在

一切的结果都有原因。等我们真的面对"35岁大厂魔咒"时再去思考原因,其实已经到了覆水难收的地步。不如提早思考一下为什么会发生"35岁大厂魔咒"。只有更早地看到问题、着手准备,才能未雨绸缪,不至于去做亡羊补牢的工作。

为什么会发生"35岁大厂魔咒"?核心还是性价比出了问题,即我们能够提供的产出（或预期未来能够提供的产出）已经没有办法匹配当前的工资。

有一段视频让我记忆犹新，在内部培训的时候也会时不时地拿出来给组内的同学分享。那是收费站改为ETC之后，收费员被辞退的现场，一个收费员对着领导怒喊："我都35岁了，我一直在收费，也没有别的技能，你现在把我辞退了，我去做什么！"

现在，请代入自己的情况思考一下：如果换一家公司，你的能力能够发挥出同样的效用吗？如果你的能力只适配于你的公司和组织，而不具有普适性，那你和上面那个只能适配收费系统的收费员又有什么区别呢？

很多人认为只要在一家公司待久了，熟悉了特定组织的运作方式和人员，就能够在组织里相对更容易地调配资源，进而获得优势和红利。但优势会让人舒适、舒适会让人麻木，麻木的人往往会遭遇从量变到质变的落差。当你对所得的优势越来越习以为常的时候，就会忘记这个优势是组织赋予你的，而不是自己固有的。你已经在不知不觉中让渡了自己的选择权，将说"不"的权利拱手送给了组织。不再是组织需要你，而是你需要组织。

当组织发生变动时，如换了一个老板，或者组织结构发生了调整，你曾经拥有的所有优势，就会随着组织的变动而烟消云散。

如何避免"35岁大厂魔咒"

如何避免"35岁大厂魔咒"？核心就在于不要被组织"绑架"。

我一度建议同学们每隔两年就去市场上询询价，不是为了换工作，而是为了更公允地了解自己的市场价值：有没有公司愿意接纳你，愿意以什么价格来接纳你。

我们常常碰到两种不好的情况。第一种，找不到工作机会。这种情况明确地告知你，你已经丧失市场竞争力了，需要尽快踏实地苦练内功、提升自己的市场竞争力。第二种，找不到能够匹配薪酬的工作机会。这种情况同样危险，当发现这种情况的时候，很可能意味着你已经被"捧杀"了。你现在所在的公司给了你超过市场价值的薪酬，而这个薪酬的代价就是你在开放市场中丧失了流动性，不得不和公司绑定。

不被组织"绑架"，意味着自身需要保持足够的市场竞争力和议价能力，无论是选择继续服务组织，还是选择从容地追寻自己的梦想，都需要让自己有的选。

工作既是一个为组织创造价值的过程，也是一个为自我刷新认知的过程。所谓"三十而立"，很多朋友都是在工作了四五年，经历了更强烈的冲击和碰撞之后，才开始重新认知自己的：既认知到自己的优势和长处，更认知到自己的劣势和短处。

职场不是学校，不需要门门拿A，拼命补齐自己的短板，而更需要了解自己喜欢做什么、擅长做什么，从而在社会分工中找到自己更容易契合、也更容易发挥价值的点，在尽可能多创造价值的前提下不拧巴，或者在尽可能不拧巴的前提下多创造价值。我们需要清醒地认知到，市场只为我们的未来价值买单，而不会为我们的过往经历买单，要让自己持续保持"值钱"，这比当下在公司里"有钱"更为重要。

前些天我参加了一场聚会，给一个选择从北京回重庆的朋友饯行。35岁的他，选择了一种全新的工作方式：开酒吧、开游戏公司、做顾问和讲座培训。这个选择在我们看来难以理解：眼看着他所在的公司的业绩蒸蒸日上，他的管理半径也越来越大，可偏偏就在这个时间点下，他却选择了出走。

提及自己的选择，除家庭原因外，他更多的落点在于：我要选择一种做起来更舒适的工作方式，从而能够更好地发挥自己的性格所长和能力所长。如他自述，他不擅长管理一个复杂的大组织。对他而言，管理工作并非不能做，而是做起来太累、对自己精力的消耗太大；他所擅长的，更多是一种桥梁的搭设和连接，让不同背景的双方能够更快地相互理解、相互认知。既然在当下还有选择的空间，可以让自己更好地过渡到一种自己喜欢的工作方式上，那么主动变化显然是一种更好的选择。

"35岁大厂魔咒"是一个残酷的客观事实，促使我们更早地反思职业生涯，做出职业规划。

☞ Tips

你目前的竞争优势到底是自己赢得的，还是组织赋予你的，这是每个职场人需要思量清楚的点。

才不配位，是"35岁大厂魔咒"发生的根源。只有始终保持市场竞争力，拼产出而非拼时间，才能避免"35岁大厂魔咒"。

第二十三章　你想要的自由是财务自由还是时间自由

又到了周一，不知道你的心情如何。

很多人的心情可能不太好，毕竟又要开始工作了。无数人被挤入地铁或公交，被一节节小小的车厢运送到城市的各处开始工作，为了生活而奔忙。在某个第三方调研中，谈及职场人的梦想清单，第一名的愿望便是实现财务自由。这似乎也不难理解，谁不是在为钱奔忙着呢，要是实现财务自由就可以不工作了，该有多开心啊。

财务自由

对你来说，财务自由是你想要的自由吗？

好了，请你开启30秒的"白日梦"：如果你真的实现了财务自由会怎么做？是周游世界，还是在家躺平？是找个沙滩彻底躺平休息，还是去实现别的什么一直没能实现的大梦想？想了想，是不是禁不住在嘴角浮现出会心的微笑，然后由衷地感慨："钱是不高雅，可它真好看。"

首先让我们来计算一下，想要实现财务自由、实现自己心中的大梦想，究竟需要多少钱。是几千万元，还是几亿元？

其实，实现财务自由可能并不需要这么多钱，它会基于我们的生活状况而波动,并没有一个绝对的数值标准。

适合个体意义的财务自由标准,就是我们的被动收入(非工资或非劳动收入)能够覆盖住我们日常的生活所需。比如,如果你一年的消费是10万元,那么你的资产收入只要大于10万元就可以了。更严谨一些,考虑上通货膨胀、投资风险种种因素,财务自由的标准可以相对再高一些。但这个数值很可能并不是你原本所想象得那么夸张,而是一个更为切实的财务独立金额(Financial Independence Money,FIM)。

当然,通往财务自由之路是可以分节点的。如果不能一步到位,不妨先赚到一个"小目标",更切实地考虑一下要赚到多少钱才能缓解自己的工作压力,让自己不那么需要为钱而工作,从而可以更从容地选择自己想做的事情。

所以,如果没有那么快赚到FIM,不妨试试先赚到足够多的钱,这笔本钱至少让我们有拒绝的权利和底气。那么,这笔本钱需要赚到多少呢?

让我们参考保险的概念,在保险中有一种"重疾险",用来保证不幸罹患重疾没有能力工作时约5年的正常开销。重疾险的保额通常建议基于自己的收入情况来设定。比如,如果你的月收入为5000元,那么重疾险的保额就应该设置为年收入的5倍左右,即25万~30万元。同样,如果你找到一份自己满意的工作需要1~2年,那么只要现有的积蓄能够支持你1~2年不工作且生活品质没有明显受损,你就赚到了你的本钱。

不过,和你想象中一自由就彻底躺平、游戏人生不同,对于很多真实的实现财务自由的案例而言,自由往往并不意味着躺平、不工作。

环视身边的朋友，在我的社交半径之内：资产过百万元对大厂中高层管理人员来说并不算是一件什么太难的事情，因为公司上市而身家过千万元，甚至过亿元者亦有不少。可对他们来说，工作该做照做，加班该加照加，工作似乎没有因为财务上的自由而变得显著不同。

和他们细聊下来发现，财务的助力让人不需要太过为钱所困扰和焦虑，从而有了更多的选择权，可以把注意力放到自己更感兴趣的地方。我们常说"穷忙"，当一个人连温饱问题都解决不了的时候，还和他谈什么远大理想、谈什么延迟满足呢？只有有余钱、有余力的时候，才可能静下心来为自己规划和打算一番。

我们努力赚钱，只是为了让自己不再被钱所累，从而在面对工作和生活的时候可以更加从容。

时间自由

归咎于自己的不努力，现在的我还远远达不到财务自由的水平，只是也多多少少给自己攒了一些本钱。这让我在面对不同的选择和压力的时候，多了一些回旋的余地，即"有的选"。

在"有的选"之后，人就难免就有了胡思乱想的空间。在工作了十年、换了三四家公司之后，我开始重新思考对自己来说真正珍贵的是什么，真正的自由又是什么。

于我而言，现在真正珍贵的，可能是时间。人到中年，被各种社会身份所裹挟，整个人的时间也被切割得支离破碎，需要有时间来工作，需要有时间来陪伴家人。于是，绝大多数时候，自己还没有打算做什么事情，时间表就已经被别人安排得妥妥当当、明明白白，就像一个赶场的演员，从一个场到了另一个场，从一个角色切换到另一个角色。只有当夜深人静的时候，才得以倒一杯酒，就着一夜的星光，享受独处的时间，慢慢感受时间在沙漏里流逝。

所以，我当下想要的自由，便是自我支配时间的自由。

我不希望做时间的牵线木偶，被牵引着这样或那样，而更想对自己的时间表有更大的掌控权。我可以决定将自己的时间分配在什么人身上、分配在什么事情上，而不至于被别人安排太多的工作、被别人赋予太多的使命，被推上自己并不喜欢的战场。

在工作或生活过程中辛苦与否，并不重要。年轻人在球场上挥汗如雨很辛苦，中年人在戈壁上徒步也很辛苦，"社畜"在公司夜以继日地加班同样很辛苦。但辛苦并不是坏事，没有辛苦的浇灌和投入，就不会有成果的产出和收获。

真正确保辛苦指向喜悦而非指向痛苦的是：这个选择是不是自己做的，每天相处的人是不是自己喜欢的，每日投入心力去做的事情是不是自己想要做的。

时间的流速并不恒定：厌恶和痛苦的时间总是漫长难熬，喜欢并投入心力的时间总是转瞬即逝。我更愿意掌握时间分配的主动权，选择让自己和喜欢的团队一起做喜欢的事情，冲向自己喜欢的目标。

从财务自由到时间自由

当我们把自己的阶段性目标从完全的财务自由转移到时间自由

后，目标就会更容易达成，而自己对于工作和生活节奏的掌控也会变得更加从容。

毕竟，实现财务自由对于绝大多数人而言是一个小概率事件。这个单一的赚钱维度的目标并不是个人努力就能实现的，同样需要依赖大的形势和机会。如果将自己的目标锚定于此，或许会出现很多人算不如天算的事情，自己疲于奔命而结果落空。

但如果我们向后退一步，将目标锚定在让自己拥有本钱上，给自己建立起时间自由的基础，那实现目标的概率无疑就大了很多。时间自由的目标不再只聚焦在赚钱一个维度，而是让自己拥有了一张更丰富的目标清单——工作、生活、娱乐、爱好、家人、朋友，从而构建起一个更加丰富多元的目标集合。我们可以将自己的时间和努力更好地分配到不同的子目标上，从而让自己的工作和生活从单色调变成更丰富的颜色。

那么，现在就请列出你的时间自由目标清单吧！你有什么想要做的事情呢？如果将这些事情分散到每个月、每一周，你需要做什么事情，需要拿出多少时间？为了完成这些事情，你需要多少钱作为支撑？

进一步，可以将这个金额拆分到你的主动收入和被动收入上，从而计算出你需要达到什么样的收入层级、需要积累多少被动收入。这样，你的时间自由目标清单就能够分解为一个又一个小的里程碑，你就可以以月度为单位进行调整和划分。

金钱可以构筑快乐的基础，但金钱不能代替或成为快乐。构建时间自由而不是财务自由的目标，一步一步赚取赖以支撑的经济基础，我们最终追求的是对于自己时间和生活的掌控。

把自己视作产品：互联网大厂求职、进阶之道

> **Tips**
>
> 只有将目标从实现财务自由转移到实现时间自由，才能让我们更从容地面对选择和压力，而不至于被外界所裹挟。
>
> 金钱可以构筑快乐的基础，但金钱不能代替或成为快乐。我们最终追求的是对于自己时间和生活的掌控。

第二十四章　再议工作：自我实现之旅

"纸上得来终觉浅，绝知此事要躬行。"

从懵懵懂懂的念书升学，在一次又一次考试中标签化、量化自己；到带着一丝憧憬从"象牙塔"毕业，独立面对前所未有的工作和生活，觉得一切都是新的；再到工作三五年之后，承接工作与生活中的种种压力和问题，开始了解自己的边界和局限。这些切身的经历与体验，是我们将那些外部得来的信息进行加工和内化的唯一出路。

再议工作，我们早就已经过了需要在温饱线上挣扎、找一份糊口工作的阶段。只有经历过伤痛和蜕变，才有资格重新思考：工作中的选择与牺牲、热爱与擅长对我们来说意味着什么？自己过往的产出究竟是公司的加成，还是自己的产出？在未来有限的时间里，自己究竟适合从事怎样的工作？

选择与牺牲

我们常说，选择大于努力。

可有时候，选项过多似乎也会让人陷入新的困惑：自己究竟该选择哪一个？

在过往的咨询服务中，经常有很多同学询问几个工作机会间的选择、事业与爱情的选择问题。几个选项分别有利有弊，让人迷茫。而每当这个时候，我总会引导大家换一个角度去思考问题：过往我们的出发点是选项A和选项B谁更好，谁更值得争取；但现在请从机会成本的角度去思考，自己可以承受牺牲选项A还是牺牲选项B。

机会成本是指商业公司用一段时间或资源的投入来生产商品A，失去的利用同样的时间或资源生产商品B的机会。在比较多个选项的时候，不仅要看机会收益，还要看机会成本。这主要基于心理学原理：同等幅度下的损失和收益，前者带给我们的懊悔和伤痛要远远大于后者带给我们的快乐。只有套用机会成本去衡量和思考，才能发掘出我们的本质需求是什么，即我们真正在乎什么。

事业与爱情的选择，常见于很多即将毕业、选择异地工作的大学生之中。与其将工作机会与爱情机会摆在一起对比谁更好，不如看看到底是失去这份工作对你来说更不可承受，还是失去这个恋人对你来说更不可承受。如果你选择事业，就说明其实当下的这段感情对你来说并没有那么重要；反之，如果你选择爱情，就说明你愿意和眼前的人走得更远。

选择并无对错之分，只是个人价值取向使然。只有直面牺牲带来的伤痛，才能知道当下哪个选择对你来说更重要。

互联网每隔几年都会有一波新的浪潮出现，潮起潮落之间，总不免有人扼腕叹息：当年我要是选择另一条道路就好了。可是，仔细想想，如果重来一遍你真的会做出不同的选择吗？并不会，因为在特定的场景下，你没有办法承受牺牲已得的稳定收益，自然也就不会去争取未得的可能。

从机会成本的视角出发，能够更好地帮助我们进行选择，而不至于让未来的自己后悔。了解了人类厌恶损失的心理，也能够在一定程度上纠偏自己的选择：让自己意识到自己牺牲的代价可能还好，只是心理机制放大了痛苦的感受，我们有可能在控制损失幅度的情况下做出更多元化的尝试和探索。

我们的选择，塑造了未来；而我们的牺牲，塑造了选择。

Everything has a price，每个选择都有代价。

热爱与擅长

在上文我们就讨论过 Ikigai 模型。模型分为四个象限：你热爱的事情、你擅长的事情、有酬劳的事情、有意义的事情。理想的状态当然是绽放 Ikigai 之花，但是如果一定要在四个象限中做出取舍呢？

对于刚参加工作的同学，我自然建议选择"有酬劳的事情"。但随着工作时日的增长，我们会越来越清晰地发现：人在成长和成熟的过程中，会一点点放下对于外界的依赖和反馈，转而开始追求内在的驱动和感知。那些源于酬劳的驱动，会逐步让渡于我们所热爱和擅长的内容。

热爱，创造了工作的绝对意义；擅长，降低了工作的相对难度。

只有热爱加擅长，才能帮助我们在工作中找到源源不断的正反馈：越做越好、越做越嗨。只有当一份工作能够持续不断地带来正反馈时，我们才不会将它视为单纯的劳动量输出。

以我自己为例，我从做研发到做产品再到做运营，就是一个不断探索边界，不断发现自己所热爱和擅长的事情的过程。

从做研发转到做产品，是因为我看到了自己对研发只是能干却并无热爱，而对产品的机制功能迭代更有钻研的乐趣和信心；而从做产品转到做运营，是因为我发现所有的产品或服务的终极目的都是提升用户服务水平、影响用户认知和心智，那么以运营的方式直接面向用户就是一种很好的学习方法；而体验了一段时间的运营业务之后，我能够清楚地认知到，自己对运营只是热爱却并不擅长，对运营环节中的细致和精细化工作很难长时间应对。

对我自己来说，热爱的是产品和运营领域，擅长的是产品和研发领域。热爱和擅长交叠的区域，自然只剩下产品了。产品领域是我愿意且能够持续精进的领域，而其他对我来说只是有所涉猎的领域。

发现自己不热爱什么、不擅长什么，从而将其舍弃，做出这个选择固然很明确，可新的问题随之而来：如何能知道自己热爱什么、擅长什么呢？答案很明确：不自我设限、多尝试各种可能。对于很多同学提出的业务成长问题，我一贯建议：吃过见过、多听多看。如果自己没有试过，仅是站在外围观望，又怎么能够得出自己是否热爱、是否擅长的结论呢？尤其是对刚刚工作的同学来说，因为在某一领域的沉淀和积累还不算太多，机会成本并不高，所以自己才能够更容易地去尝试新的领域。在尝试的过程中不断地自我观察：自己是否擅长或热爱当下的工作？能否从工作中找到正反馈，从而使自己更好地迭代与精进？

系统适配与自我实现

刚参加工作时，我们总是过度关注自我，心中充满理想主义，碰到自己觉得不对的、不认可的部分会抛出问题，站在道德的高地鞭挞一番。

直到工作了数年之后，我们才开始变得不那么锋芒毕露，开始更多地关注组织和现实的可落地性。没有没问题的公司，更没有没问题的组织，一个公司或组织真正需要的不只是抛出问题，而更多是解决问题。一个人只有能在多种不同的条件和场景下适应组织文化，切实解决问题，才算真的具有普适性的能力。

组织文化并不是停留在HR或领导口头上的概念，而是沉淀在一个组织内部，一群人潜移默化形成的共识。网络上时常有人调侃互联网公司的"黑话"，可是语言服务于组织沟通，这些"黑话"恰恰契合了互联网公司运行的逻辑，只要抛出一个特定概念，大家就能够迅速明白并落地实施。

因为过往的业务涉及内容行业，在今日头条、知乎等的团队里有很多从传统出版公司跳槽来的朋友。最让他们"水土不服"的，并不是所做的业务本身，而是业务落地和协作的方式：原本可能要走层层审批才能启动的工作，变成了从系统流程里进行几次确认就可以启动；原本每周一次烦琐的长会，变成了每天一次15分钟的站会；原本大家讨论业务都比较圆滑与平和，变成了直接阐述问题，用数字和逻辑来PK。很多没有办法适应这个组织的人，往往在跳槽一两年之后又回到了传统出版公司。他们是能力不强吗？显然不是，而是和团队操作系统的"水土不服"导致他们在互联网公司里无法发挥出自己的才干。

不要以为只有从传统公司跳槽到互联网公司才会有文化上的"水土不服"，从大公司跳到小公司、从产品驱动的公司跳到运营驱动的公司，同样面临这个问题，只是或大或小的差别罢了。面对这种文化的变迁，要么在跳槽前就明确什么样的公司自己不加入，要么在入职后保持空杯心态，在适配系统的过程中找到自己发挥能力的新方式。

无论选择哪一种方式，我们都需要找到自己适配的系统，借助组织的力量达成结果、实现自我。

> **Tips**

选择大于努力，尤其是在已经有机会成本的前提下，我们更需要清醒地认知到哪个选择才能带来长期的收益：选择塑造未来，牺牲塑造选择。

不断探索能力的边界，让我们不断认清自我。热爱，创造了工作的绝对意义；擅长，降低了工作的相对难度。只有热爱加擅长，才能帮助我们在工作中找到源源不断的正反馈。

人不能脱离社会和组织而存在，个体的力量只有借助群体的杠杆才能得到放大。我们需要找到自己适配的系统，借助组织的力量达成结果、实现自我。

后记
Epilogue

本书的缘起

刚进入职场的时候,我有幸得到过很多前辈的提点和帮助。当我面临选择或碰到问题的时候,他们的提点和帮助让我更快地找到了解决方案。在从一个职场"菜鸟"成长为一个职场"老鸟"后,我也开始带团队、做业务,向团队中的新同事提供帮助、输出观点。

随着就业大环境和工作模式的快速变化,年轻的同学们面临新的就业选择和困惑。在知乎和Boss直聘工作的过程中,通过对于社区内容和求职者的观察,我意识到:新人求职时的问题或许没有变化,但是答案永远有持续迭代的空间,真应了阿里巴巴的那句名言——不变的只有变化。

唯有不断向内探究本质,挖掘出那些更本质的东西才能指导方向;唯有不断向外适应趋势,运用最新的方法才能提升效能。新的时代背景和问题,自然会沉淀出新的经验和方法论,从而帮助我们更好地面对工作和成长。

就像一种星火传递,我决定将自己的认知与方法论梳理出来产出课程和书籍,希望能够给年轻的同学们提供一些事前的参考角度、事中的方式与方法、事后的思考与复盘。

把自己视作产品：互联网大厂求职、进阶之道

工作的意义

在写完本书的时候，我已经在不知不觉中工作了十年，也要面对35岁互联网人的"魔咒"。在过去十年的工作里，我听过了很多道理，做了一些事情，有所产出也有所失去。

从被工作推着被动地跌跌撞撞前行，到有目的性地主动选择方向和尝试驾驭工作，工作十年的我开始学会了掌握工作的主动权，享受工作本身带来的挑战、责任和成就。我也越来越多地开始思考所谓"道"的层面：工作本身的意义究竟是什么？

思考工作的意义，是为了不蹉跎光阴。对绝大多数人来说，工作必然会占用很多的时间，而时间对我们来说才是真正宝贵的不可再生资源。至于所谓的职级和收入，都不过是时间投入之后的伴生品罢了。假使我们将时间投入在错误的方向上，就会蹉跎光阴而一无所获；假使我们将时间以错误的方式使用，就会事倍功半而徒劳无功。

这就是本书伊始要介绍Ikigai的概念的原因。我们只有首先认清自己的所爱、所长，再去寻找到自己和这个世界的契合点，才能更从容、更乐观地工作。我们不能也不应成为别人，我们要尽量在做自己的前提下去做选择。"自洽"是一切选择的起点。

接下来，本书用大量篇幅探讨行业与公司选择、信息收集和机会成本种种，就是希望大家在工作这个"肉身炒股"的过程中，能够理性地正视自己的选择过程，在有更多信息量支撑的情况下，做出胜率更高的决策和判断。

把时间当作自己最宝贵的资源，以投资的视角站在未来的角度回看当下，往往会改变我们对于很多问题的看法。这种延迟满足让人变

得更有耐心也更有信心,从而从工作中获得更多的情感激励。

自我的迭代

明确了工作的意义后,就进入求职和成长的方法论部分。我一直推崇一种观点,即"工作有目的、生活无目标"。当我们面对就业市场的时候,就应该更加抽离,把自己视作产品,以结果导向的方法论来支撑自我的迭代和进步。

把自己视作产品,有助于我们以第三方的视角抽离地审视和衡量自己。只有脱离了敝帚自珍的视角,才可以客观地看待就业市场的供需关系,了解究竟什么样的人才是公司需要的,自己缺乏怎样的标签、该如何补全。

把自己视作产品,有助于我们把自己放进不断学习、不断进步的快车道上。市场在不断变化,如果我们保持不变自然会掉队,进而被市场所抛弃。唯有保持明确定位,不断优化以契合市场需求,才能切实提高产品的市场占有率,让自己始终保持就业竞争力。

把自己视作产品,有助于我们更好地选用当下先进的方法论来进行自我精进。以OKR的方式来管理自己每一阶段的目标,通过卡片法、番茄时钟法来优化自己的时间使用效率,学习更好的沟通与协作方式,从而让自己更适配不同的组织结构。只有始终保持开放的态度来刷新自己的操作系统,才能让努力和投入事半功倍。

对于职场新人而言,求职过程就像一款产品从0到1的过程。从明确定位开始(自己要进入哪个行业,有哪些目标公司),到挖掘目标用

把自己视作产品：互联网大厂求职、进阶之道

户需求（研究目标行业的特点和目标公司的岗位要求），再到迭代产品的基础功能和交互体验（准备简历和笔面试，优化自己的面试话术），这些都是为了达成让产品成功面市（被公司录取）的目的。

而拿到了大厂的门票后，则是产品从 1 到 10、从 10 到 100 的开始。人不能永远停留在新手阶段，我们唯有不断迭代才能适配市场的要求，满足自己的成长期许。恰如稻盛和夫所言，唯有工作才是最好的修行。

期待这本书能够帮助每一位年轻的读者更好地完成从 0 到 1、从 1 到 10 的阶段，顺利完成从学生身份到职场人身份的过渡，并且以大厂为自己职业生涯的起点，解锁更多的精彩和可能。

本书中文简体版由北京行距文化传媒有限公司授权电子工业出版社有限公司在中国大陆地区（不含港澳台地区）独家出版发行。

未经许可，不得以任何方式复制或抄袭本书之部分或全部内容。
版权所有，侵权必究。

图书在版编目（CIP）数据

把自己视作产品：互联网大厂求职、进阶之道 / 闫泽华著 . —北京：电子工业出版社，2022.11
ISBN 978-7-121-44374-9

Ⅰ.①把… Ⅱ.①闫… Ⅲ.①网络公司－职业选择－基本知识 Ⅳ.①C913.2

中国版本图书馆CIP数据核字（2022）第182958号

责任编辑：张振宇　　　　特约编辑：田学清
印　　刷：中国电影出版社印刷厂
装　　订：中国电影出版社印刷厂
出版发行：电子工业出版社
　　　　　北京市海淀区万寿路173信箱　邮编：100036
开　　本：700×1000　1/16　印张：19　字数：238千字
版　　次：2022年11月第1版
印　　次：2022年11月第1次印刷
定　　价：78.00元

凡所购买电子工业出版社图书有缺损问题，请向购买书店调换。若书店售缺，请与本社发行部联系，联系及邮购电话：(010) 88254888，88258888。
质量投诉请发邮件至 zlts@phei.com.cn，盗版侵权举报请发邮件至 dbqq@phei.com.cn。
本书咨询联系方式：(010) 88254210，influence@phei.com.cn，微信号：yingxianglibook。